PASS CONCOURS TOUS CONCOURS

QCM de culture générale

Tous concours
Toutes fonctions publiques

Valérie Béal
Enseignante en écoles de préparation aux concours paramédicaux et de la fonction publique

Sous la direction de
Anne Ducastel
Enseignante à la préparation aux concours

FOUCHER

ISBN 978-2-216-16422-6
ISBN 978-2-216-11468-9 (1re édition)

SOMMAIRE

Partie 3
GÉOGRAPHIE

Partie 4
SCIENCES ET TECHNIQUES

Partie 5
SCIENCES HUMAINES ET SOCIALES, SPORTS

Partie 6
ENTRAÎNEMENT INTENSIF

Partie 7
CORRIGÉS

Les QCM, mode d'emploi

Les questionnaires à choix multiple (QCM) sont des séries de questions pour lesquelles le candidat peut choisir la ou les réponse(s) correcte(s) parmi plusieurs propositions.

1 Des QCM : pourquoi ?

Épreuve de pré-admissibilité ou d'admissibilité, les QCM constituent une épreuve de sélection à de nombreux concours, aussi bien ceux de la fonction publique (agent et contrôleur du ministère des Finances, gendarme adjoint volontaire...) que les concours paramédicaux (orthophoniste) et sociaux (moniteur éducateur, accompagnant éducatif et social...).
Les QCM sont un mode de sélection de plus en plus utilisé car ils garantissent l'équité, l'anonymat des candidats, et enfin l'objectivité et la rapidité des corrections.

2 Les difficultés des QCM

Dans les questionnaires (ou questions) à choix multiple (QCM), plusieurs réponses (deux, trois, quatre ou cinq parfois) sont proposées et il faut choisir la (ou les) bonne(s) réponse(s).
Parmi les réponses proposées, plusieurs peuvent être justes ; mais il peut aussi n'y en avoir aucune.
Les QCM ne sont pas uniformes car ils combinent le plus souvent différentes formes : actif ou passif, uni ou multi-réponses, formulation négative, classement, intrus, etc. Le mélange de tous les types de QCM augmente le niveau de difficulté.
Voici un tableau non exhaustif des différents types de QCM qui vous donne un aperçu de leur diversité.

Type de QCM	Exemple	Réponse	Difficulté
Vrai/faux	*La Princesse de Clèves* a été écrit par Alexandre Dumas : A Vrai B Faux	B	*
Trouver la bonne réponse Forme affirmative	En France, l'élection présidentielle a lieu tous les : A 4 ans B 5 ans C 7 ans	B	**

Type de QCM	Exemple	Réponse	Difficulté
Trouver la bonne réponse Forme négative	Qui n'a jamais reçu le prix Nobel de la paix ? A Barack Obama B Jean Paul II C Lech Walesa D Shimon Peres	B	**
Trouver les bonnes réponses	Quels longs métrages ont Maurice Pialat pour réalisateur ? A *Je vous salue Marie* B *La Guerre des mondes* C *Sous le soleil de Satan* D *Le Garçu*	C D	**
Trouver la réponse fausse	Une erreur, à propos de Montaigne : A il est l'auteur des *Essais* B il fut magistrat à Paris C il fut ami de La Boétie D il fit de Marie de Gournay sa « fille d'alliance »	B	**
Réorganiser les réponses	Reliez ces personnalités à leur époque : A Leonard de Vinci — 5 18e siècle B Pablo Picasso — 3 20e siècle C Frédéric Chopin — 1 17e siècle D Vauban — 4 19e siècle E Louis XI — 2 15e siècle F Montesquieu — 6 16e siècle	A6 B3 C4 D1 E2 F5	*** (plus longues à résoudre, plus de risque d'erreur dans la transcription de la réponse sur la feuille de réponse)
Reconstituer un raisonnement	Ils sont élus par les délégués des conseils municipaux, les conseillers départementaux, les conseillers régionaux et les députés. Il s'agit : A du maire de Paris B des députés européens C des sénateurs D des commissaires européens	C	*** (nécessitent une réflexion plus longue)

3 Les critères d'évaluation

A| Une épreuve sélective

Cette épreuve de QCM, très sélective, est de durée, de coefficient et de difficulté variables selon le concours.
De même, le système de notation varie en fonction du concours. Il existe deux barèmes possibles pour une épreuve de QCM :
– 1 point par bonne réponse, 0 point pour réponse fausse ou absence de réponse ;
– ou 1 point par réponse juste, 0 point pour une absence de réponse, moins 1 point ou moins 0,5 point par réponse fausse.

B| Deux compétences évaluées

Les QCM de culture générale demandent de mobiliser des connaissances très variées : arts, sciences, histoire, géographie, littérature, sport, institutions, etc.
Cette épreuve requiert une double compétence : la connaissance du domaine testé et la méthode adéquate pour répondre.

4 Les pièges à éviter

Les pièges sont disséminés çà et là par le jury afin qu'il puisse évaluer la capacité de lecture et de concentration.
Il faut donc rester vigilant et concentré du début jusqu'à la fin de l'épreuve.
Il y a dix grands pièges à éviter pour être le plus efficace possible.

▸ **Ne pas manquer de vigilance**

Déjouer les pièges qui sont tendus nécessite une très grande attention. Par exemple, lors des questions à tournure négative, lorsque vous devez rechercher une réponse fausse après une série de questions exigeant la détection du vrai ou inversement.

▸ **Ne pas prendre les QCM à la légère**

Entraînez-vous régulièrement : malgré leur caractère ludique, les QCM nécessitent une parfaite maîtrise méthodologique.

▸ **Ne pas survoler les consignes**

Commencez par lire attentivement les consignes, primordiales : critères de notation, nombre de réponses à découvrir et mode de remplissage de la grille réponses.

▸ **Ne pas aborder chaque QCM de la même façon**

Identifiez rapidement le type de QCM : nombre de réponses, formulation négative, rupture, classement, intrus...

▸ Ne pas lire rapidement les questions

Adoptez la bonne stratégie en faisant une lecture du sujet en trois étapes : une première lecture rapide, une deuxième plus lente et une dernière consacrée aux questions difficiles.

▸ Ne pas écarter la notation

Analysez le barème et adaptez votre méthode à la notation de l'épreuve :
– en l'absence de points négatifs, répondez à toutes les questions même si vous n'êtes pas sûr de votre réponse ;
– dans le cas de points négatifs, ne répondez que si vous êtes sûr de vos connaissances sous peine d'être pénalisé ;
– si une absence de réponse est notée 0 point, tentez votre chance même si vous n'êtes pas sûr de votre réponse.

▸ Ne pas négliger le temps

Gérez correctement le temps imparti : pour évaluer le temps moyen à accorder à chaque question, divisez la durée totale de l'épreuve par le nombre de questions.

▸ Ne pas aller trop vite

Réfléchissez et ne vous précipitez pas pour répondre aux questions : un temps de lecture précède un temps de réponses.

▸ Ne pas « buter » sur une question

Ne vous attardez pas longtemps sur une question dont vous ne connaissez pas la réponse, passez rapidement à la suivante.

▸ Ne pas oublier de vérifier ses réponses

S'il vous reste du temps, vérifiez scrupuleusement l'ensemble de vos réponses sans pour autant vouloir tout changer au dernier moment…

Fiche 2

Les thèmes de culture générale aux concours

Le tableau ci-dessous propose un relevé précis des notions qui sont abordées dans les QCM de culture générale des concours. Il est le fruit d'un travail d'observation des sujets de concours sur plusieurs années.

Thèmes abordés	Notions précises
Académie	Académie française, académiciens célèbres, les autres académies
Action des polices	Ordre public (contraventions, infractions, sanctions) ; polices (administrative, judiciaire, nationale, municipale) ; gendarmerie
Alimentation	Aliments, énergie, calories, vitamines, glucides, lipides, protides
Anatomie	Appareil locomoteur ; os ; muscles ; cerveau, etc.
Animaux	Cris des animaux ; noms des petits ; mammifères ; cultures des animaux ; poissons, amphibiens ; crustacés, coquillages
Architecture	Architectes, monuments, courants de l'architecture
Astronomie	Planètes, étoiles ; astronomes, spationautes
Bande dessinée	Histoire de la BD ; festivals
Biologie	Biologistes, découvertes ; cellule, génétique, vaccins, chromosomes, neurones, synapse, glycolyse, ADN, génome ; mitose, méiose ; micro-organismes
Catastrophes naturelles	Tsunamis, cyclones, phénomènes météorologiques
Chimie	Eau ; classification de Mendeleïev ; formules moléculaires ; conversions ; charge des électrons
Cinéma	Histoire ; films français et étrangers ; réalisateurs et acteurs français et étrangers ; récompenses (Cannes, César...)
Cinquième République	Présidents ; ministères, ministres ; articles ; élections ; Constitution, Conseil constitutionnel
Droit	Droit constitutionnel : modes électoraux, mandats, présidence de la République ; Premier ministre, Assemblée nationale, Sénat, etc. ; Code civil ; système judicaire, autorités judicaires ; Déclaration des droits de l'homme et du citoyen
Économie	Bourse, économistes, terminologie

Thèmes abordés	Notions précises
Festivals	Danse, musique, cinéma, BD, etc.
Figures de style	Oxymore, métonymie, hyperbole, synecdoque, métaphore, aporie, coryphée, etc.
Fleuves	Fleuves français et étrangers (longueur, pays ou régions traversés)
Français	Accents ; accords des adjectifs de couleur ; orthographe des adverbes en –amment ou –emment ; conjugaison ; genre des noms ; pluriels particuliers, des noms composés, en –aux, en –eux, etc. ; orthographe ; écriture des chiffres en lettres
France administrative	Collectivités territoriales : communes, cantons, départements, régions ; COM (collectivités d'outre-mer) ; chefs-lieux ; préfectures
Fruits et légumes	Différentes variétés, dates de cueillette
Géographie française	Départements ; régions ; COM (collectivités d'outre-mer) ; grandes villes ; communes ; noms des habitants d'une ville, d'une région
Géographie mondiale	Pays étrangers, capitales
Grands événements	Français et internationaux ; 2017 : élection de Emmanuel Macron, Brexit (procédure de retrait du Royaume-Uni de l'Union européenne) ; 2018 : cinquantenaire de mai 1968, coupe du monde de football ; 2019 : manifestations des « gilets jaunes » ; incendie de Notre-Dame de Paris ; 2020 : pandémie de Covid-19 ; Brexit ; élection de Joe Biden à la présidence des États-Unis ; 2021 : apparition en France des premiers vaccins contre le coronavirus ; JO de Tokyo ; en Allemagne, élection du chancelier successeur d'Angela Merkel, Olaf Scholz ; 2022 : JO de Pékin, guerre en Ukraine, etc.
Histoire de France	De la Gaule au Moyen Âge ; de la Révolution à nos jours ; Première Guerre mondiale ; Seconde Guerre mondiale ; rois de France ; la Ve République, etc.
Histoire mondiale	Grandes dynasties ; guerres étrangères ; guerre froide ; histoire des États-Unis, de la Russie, de l'Amérique du sud, de l'Afrique ; chute du mur de Berlin ; dictatures, etc.
Institutions administratives	Droit administratif ; administration publique ; concentration, centralisation, décentralisation, déconcentration, délocalisation, etc.
Institutions internationales	UNESCO, OMS, OMC, OCDE, OPEP, ONU, OTAN, ONG, etc. : noms, objectifs, sièges

Thèmes abordés	Notions précises
Inventions	Inventeurs, inventions scientifiques, inventions du quotidien, découvertes
Jeux olympiques	Histoire, disciplines olympiques, longueur du marathon, médaillés, événements marquants, dates
Justice	Principes ; juridictions ; tribunaux, cours ; acteurs de la justice
Langues	Langues étrangères, langues régionales
Littérature française	Du Moyen Âge au XXe siècle ; écrivains, œuvres, mouvements littéraires
Littérature étrangère	Littérature américaine, européenne
Logique	Déduction logique ; ordres de grandeur, syllogismes
Lois	Dates des plus grandes lois (relatives à l'IVG, à l'abolition de la peine de mort, à l'abolition de l'esclavage, etc.)
Maladies	Maladies infectieuses ; maladies infantiles ; maladies génétiques, héréditaires
Mathématiques	Notions fondamentales de mathématiques, probabilités, figures géométriques, surfaces, pourcentages
Médecine	Médecins, découvertes
Mers, océans	Pays côtiers ; détroits, deltas
Merveilles du monde	Sept merveilles du monde, patrimoine de l'UNESCO
Montagnes	Montagnes françaises et étrangères, plus hauts sommets
Monuments	Monuments français et étrangers, architectes, cathédrales, sculptures
Musées	Musées français et étrangers, collections présentées, œuvres célèbres
Musique	Musicologie, compositeurs de musique classique, jazz, musique contemporaine, instruments, opéras
Mythologie	Mythologies grecque, romaine, égyptienne ; dieux, déesses
Peinture	Histoire, mouvements, peintres français et étrangers, toiles célèbres
Personnages connus	Actualité de l'année : par exemple, pour 2021, décès du Prince consort, Philip Mountbatten, époux de la reine Élisabeth II ; décès de l'acteur Jean-Paul Belmondo ; pour 2022 : décès du professeur Luc Montagnier, des frères Bogdanov

Fiche 2

Thèmes abordés	Notions précises
Philosophie	Philosophes français, grecs ; mouvements, théories ; œuvres philosophiques
Physiologie	Fonctions des organes ; organes des sens et autres ; hormones ; glandes
Physique	Énergie ; vitesse, accélération
Prix	Différents prix Nobel, personnes nobélisées ; autres prix (par exemple : médaille Fields pour les mathématiques)
Proverbes	Signification
Religion	Grandes religions dans le monde ; fêtes religieuses catholiques, musulmanes, juives ; papes
Sports	Grands événements sportifs, Jeux olympiques, coupes du monde, règles de jeu
Théâtre	Théâtre français, auteurs
Union européenne	Création ; États-membres ; institutions communautaires
Unités de mesure	Unités de pression, de force, d'électricité, de chaleur

Partie 1

ARTS, CULTURE, MYTHOLOGIES ET RELIGIONS

Arts, culture, mythologies et religions
Littérature française

QCM 1

Pour toutes les questions, il y a une ou plusieurs réponses possibles.

▸ Littérature du Moyen Âge

1. Chrétien de Troyes est connu pour avoir écrit :
- ▢ **A** *Le Roman de Renart*
- ▢ **B** *Perceval ou le Conte du Graal*
- ▢ **C** *Tristan et Iseult*
- ▢ **D** *La Chanson de Roland*

2. Les poètes/chanteurs du Moyen Âge étaient appelés :
- ▢ **A** des compagnons du geste
- ▢ **B** des fabulateurs
- ▢ **C** des trouvères
- ▢ **D** des colporteurs

3. Quelle association est correcte ?
- ▢ **A** *La Ballade des pendus* – François Villon
- ▢ **B** *La Chanson de Roland* – Guillaume de Lorris
- ▢ **C** *Le Roman de la Rose* – Chrétien de Troyes
- ▢ **D** *Le Roman de Renart* – Turold

4. Marie de France est célèbre pour avoir écrit :
- ▢ **A** *Perceval ou le conte du Graal*
- ▢ **B** des fabliaux
- ▢ **C** des ballades
- ▢ **D** des lais

5. Un isopet (ou ysopet) est :
- ▢ **A** une chanson de geste
- ▢ **B** un récit épique
- ▢ **C** un recueil de fables
- ▢ **D** une forme de poésie lyrique

6. Cette histoire met en scène un avocat trompeur qui finit par trouver plus rusé que lui à travers un mouton :
- ▢ **A** *La Farce de Maître Pathelin*
- ▢ **B** *La Fable de Maître Pathelin*
- ▢ **C** *La Foire de Maître Pathelin*
- ▢ **D** *La Ballade de Maître Pathelin*

▸ Littérature du XVIe siècle

7. Parmi les quatre propositions ci-après, quelle est celle où les écrivains cités sont tous des humanistes du XVIe siècle ?

- ▢ **A** Rabelais ; Ronsard ; Érasme ; Du Bellay
- ▢ **B** Rabelais ; Descartes ; Machiavel ; Érasme
- ▢ **C** Ronsard ; Montesquieu ; Montaigne ; Chrétien de Troyes
- ▢ **D** Cervantès ; Chrétien de Troyes ; Du Bellay ; Descartes

8. « Être ou ne pas être, telle est la question. » Quel héros de Shakespeare clame cette phrase ?

- ▢ **A** Macbeth
- ▢ **B** Othello
- ▢ **C** Hamlet
- ▢ **D** Le Roi Lear

9. Qui est Gargantua ?

- ▢ **A** Le père de Gargamelle
- ▢ **B** Le fils de Pantagruel
- ▢ **C** Le frère de Grandgousier
- ▢ **D** Le père de Pantagruel

10. Joachim du Bellay était passionné :

- ▢ **A** de littérature ancienne
- ▢ **B** du Moyen Âge
- ▢ **C** d'Antiquité
- ▢ **D** d'art lyrique

11. Une erreur, à propos de Montaigne :

- ▢ **A** il est l'auteur des *Essais*
- ▢ **B** il fut magistrat à Paris
- ▢ **C** il fut ami de La Boétie
- ▢ **D** il fit de Marie de Gournay sa « fille d'alliance »

12. Dans l'histoire de la littérature, la Pléiade est le nom donné à un groupe de :

- ▢ **A** cinq poètes
- ▢ **B** six poètes
- ▢ **C** sept poètes
- ▢ **D** huit poètes

▸ Littérature du XVIIe siècle

13. Le Cid, héros de la pièce de Corneille, est tourmenté par un conflit entre :

- ▢ **A** l'amour et l'honneur
- ▢ **B** l'amour et l'argent
- ▢ **C** l'amour de deux femmes
- ▢ **D** l'amour et la vengeance

14. Le XVIIe siècle est celui :

- ▢ **A** du baroque
- ▢ **B** du classicisme
- ▢ **C** de l'humanisme
- ▢ **D** du surréalisme

15. Parmi les œuvres suivantes, laquelle n'est pas une tragédie ?
- ▢ **A** *Andromaque*
- ▢ **B** *Phèdre*
- ▢ **C** *Le Cid*
- ▢ **D** *Le Misanthrope*

16. *Les Caractères* sont de :
- ▢ **A** Pascal
- ▢ **B** Montaigne
- ▢ **C** La Bruyère
- ▢ **D** Bossuet

17. Qui a écrit le *Discours de la méthode* ?
- ▢ **A** Montaigne
- ▢ **B** Descartes
- ▢ **C** Pascal
- ▢ **D** Rabelais

18. Durant quelle représentation mourut Molière ?
- ▢ **A** *Le Misanthrope*
- ▢ **B** *L'Avare*
- ▢ **C** *Le Malade imaginaire*
- ▢ **D** *Le Médecin malgré lui*

▸ Littérature du XVIIIe siècle

19. Parmi ces écrivains, lesquels n'ont pas écrit au XVIIIe siècle ?
- ▢ **A** Voltaire
- ▢ **B** Victor Hugo
- ▢ **C** Alfred de Musset
- ▢ **D** Le Marquis de Sade

20. Parmi les écrivains ci-dessous, quel est celui qui a pu rencontrer Jean-Jacques Rousseau ?
- ▢ **A** Charles Baudelaire
- ▢ **B** Voltaire
- ▢ **C** Victor Hugo
- ▢ **D** Émile Zola

21. *Le Contrat social* a été écrit par :
- ▢ **A** Rousseau
- ▢ **B** Montesquieu
- ▢ **C** Voltaire
- ▢ **D** Diderot

22. Un de ces écrivains était surnommé « Le cygne de Cambrai ». Lequel ?
- ▢ **A** Fénelon
- ▢ **B** Bossuet
- ▢ **C** Balzac
- ▢ **D** Diderot

23. Quelles affirmations concernent Voltaire ?

- ▢ **A** Il fit campagne en faveur de Jean Calas.
- ▢ **B** Il est l'auteur de *Candide*.
- ▢ **C** Il est l'auteur de *Zadig*.
- ▢ **D** Il a rédigé *Le Traité d'économie à l'usage des Princes*.
- ▢ **E** Ses lettres contre le Régent lui ont valu trois ans d'exil.

24. « Propos spirituel et superficiel, échange de propos galants et précieux. » Cette définition est celle :

- ▢ **A** du badinage
- ▢ **B** du maquignonnage
- ▢ **C** du marivaudage

▸ Littérature du XIXe siècle

25. Parmi ces personnages, lequel ou lesquels n'ont pas été créés par Alphonse Daudet ?

- ▢ **A** Tartarin de Tarascon
- ▢ **B** L'Arlésienne
- ▢ **C** Monsieur Seguin
- ▢ **D** Panisse

26. Qui a écrit les *Méditations poétiques* ?

- ▢ **A** Victor Hugo
- ▢ **B** Alphonse de Lamartine
- ▢ **C** Charles Baudelaire
- ▢ **D** Arthur Rimbaud

27. Poète français, né en 1844, il participe aux mouvements littéraires de son époque. Auteur de plusieurs recueils dont *Poèmes saturniens* et *Fêtes galantes*, il retrace avec tristesse ses amours malheureuses et son désarroi. De qui s'agit-il ?

- ▢ **A** Arthur Rimbaud
- ▢ **B** Paul Verlaine
- ▢ **C** Charles Baudelaire
- ▢ **D** Guillaume Apollinaire

28. Quelle œuvre n'est pas de Chateaubriand ?

- ▢ **A** *Le Génie du Christianisme*
- ▢ **B** *La Légende des siècles*
- ▢ **C** *René*
- ▢ **D** *Mémoires d'outre-tombe*

29. Qui a écrit *La Chartreuse de Parme* ?

- ▢ **A** Honoré de Balzac
- ▢ **B** Stendhal
- ▢ **C** Gustave Flaubert
- ▢ **D** Guy de Maupassant

30. **Quel poète a donné des couleurs aux voyelles ?**
- ▢ **A** Hugo
- ▢ **B** Mallarmé
- ▢ **C** Malraux
- ▢ **D** Verlaine
- ▢ **E** Rimbaud

▸ Littérature du XXᵉ siècle

31. **Quel est l'auteur contemporain qui a écrit la saga d'une famille dans le quartier de Belleville à Paris ?**
- ▢ **A** Daniel Pennac
- ▢ **B** Patrice Pellerin
- ▢ **C** Georges Perec
- ▢ **D** René Pétillon

32. **Parmi ces quatre écrivains français, lequel d'entre eux n'a jamais été élu à l'Académie française ?**
- ▢ **A** Érik Orsenna
- ▢ **B** Jean d'Ormesson
- ▢ **C** François Nourissier
- ▢ **D** Pierre Moinot

33. **Qui n'a pas reçu le prix Nobel de littérature ?**
- ▢ **A** Stephen King
- ▢ **B** Goa Xingjian
- ▢ **C** Harold Pinter
- ▢ **D** Herta Müller

34. **Qui a écrit *Le Grand Meaulnes* ?**
- ▢ **A** Louis Aragon
- ▢ **B** Alphonse Allais
- ▢ **C** André Breton
- ▢ **D** Alain-Fournier

35. **Poète français né en 1900, il est hostile à toutes les forces d'oppression sociale. Capable d'ironie et de violence, mais aussi de grâce et de tendresse, sa poésie vante, à l'usage d'un très large public, les thèmes de la liberté, de la justice et du bonheur. Auteur du poème *Pour faire le portrait d'un oiseau*, certains de ses écrits sont devenus des chansons populaires. De qui s'agit-il ?**
- ▢ **A** Jean Cocteau
- ▢ **B** Sacha Guitry
- ▢ **C** Boris Vian
- ▢ **D** Jacques Prévert

36. **Albert Camus a écrit :**
- ▢ **A** *L'Étranger*
- ▢ **B** *La Nausée*
- ▢ **C** *Pour qui sonne le glas*
- ▢ **D** *La Peste*

Littérature étrangère

QCM 2

Pour toutes les questions, il y a une ou plusieurs réponses possibles.

1. Qui a écrit *Cent ans de solitude* ?
- ▢ **A** Henri Bergson
- ▢ **B** Daniel Defoe
- ▢ **C** James Cook
- ▢ **D** Gabriel García Márquez

2. Quel est l'auteur de l'essai *Les Filles et leurs Mères* ?
- ▢ **A** Julia Kristeva
- ▢ **B** Françoise Dolto-Tolitch
- ▢ **C** Aldo Naouri
- ▢ **D** Paulo Coelho

3. Trouvez l'intrus.
- ▢ **A** *La Lenteur*
- ▢ **B** *La Conjuration des imbéciles*
- ▢ **C** *L'Insoutenable légèreté de l'être*
- ▢ **D** *Les Testaments trahis*

4. Parmi ces romans, lequel n'est pas de Soljenitsyne ?
- ▢ **A** *L'Archipel du Goulag*
- ▢ **B** *Le Premier Cercle*
- ▢ **C** *Le Pavillon des cancéreux*
- ▢ **D** *Souvenirs de la maison des morts*

5. *Le Vieil Homme et la Mer* est un roman de :
- ▢ **A** John Steinbeck
- ▢ **B** Bertolt Brecht
- ▢ **C** John Arden
- ▢ **D** Ernest Hemingway

6. Recherchez l'intrus.
- ▢ **A** Dostoïevski
- ▢ **B** Tchekhov
- ▢ **C** Ionesco
- ▢ **D** Tolstoï

Arts, culture, mythologies et religions
Architecture

QCM 3

Pour toutes les questions, il y a une ou plusieurs réponses possibles.

1. Les dolmens :
- ▢ **A** sont des sculptures mégalithes
- ▢ **B** datent de la fin du ve millénaire avant notre ère
- ▢ **C** sont particulièrement nombreux dans le nord-est de la France
- ▢ **D** servaient de chambres funéraires

2. La chapelle Sixtine se trouve :
- ▢ **A** à Venise
- ▢ **B** à Rome
- ▢ **C** à Milan
- ▢ **D** à Florence

3. Le musée de l'Ermitage :
- ▢ **A** est le premier musée de Russie
- ▢ **B** abrite l'École nationale du patrimoine
- ▢ **C** a été inauguré en 1852
- ▢ **D** est situé à Saint-Pétersbourg

4. La cathédrale Notre-Dame de Paris a été édifiée :
- ▢ **A** à l'époque gothique
- ▢ **B** à la Renaissance
- ▢ **C** à la Révolution
- ▢ **D** à l'époque romaine

5. La Tour Eiffel a été érigée :
- ▢ **A** en 1789
- ▢ **B** par Gustave Eiffel
- ▢ **C** pour l'Exposition universelle
- ▢ **D** grâce au travail de milliers d'hommes

6. Jean Nouvel, architecte français contemporain, est à l'origine :
- ▢ **A** de l'Institut du monde arabe
- ▢ **B** du musée du quai Branly
- ▢ **C** des tours du quartier de la Défense
- ▢ **D** de la Fondation Cartier

Peinture

QCM 4

Pour toutes les questions, il y a une ou plusieurs réponses possibles.

1. Qui a peint *Le Radeau de la Méduse* ?
- ▢ **A** José de Ribera
- ▢ **B** Francisco de Goya
- ▢ **C** Diego de Silva Velásquez
- ▢ **D** Théodore Géricault

2. *L'Origine du monde* de Gustave Courbet représente :
- ▢ **A** le sexe d'une femme
- ▢ **B** la juxtaposition d'une femme nue et de deux hommes
- ▢ **C** une femme dans son bain
- ▢ **D** plusieurs femmes nues dans un hammam

3. La série de toiles *Les Tournesols* a été peinte par :
- ▢ **A** Paul Gauguin
- ▢ **B** Vincent Van Gogh
- ▢ **C** Pierre Paul Rubens
- ▢ **D** Rembrandt

4. Quel est le mouvement de peinture né suite au Salon des Refusés ?
- ▢ **A** Expressionnisme
- ▢ **B** Fauvisme
- ▢ **C** Impressionnisme
- ▢ **D** Cubisme

5. Paul Cézanne :
- ▢ **A** est un peintre post-impressionniste
- ▢ **B** est un écrivain français
- ▢ **C** a peint *Les Grandes Baigneuses*
- ▢ **D** est un peintre cubiste

6. Qui a peint la voûte de la chapelle Sixtine au Vatican ?
- ▢ **A** Léonard de Vinci
- ▢ **B** Raphaël
- ▢ **C** Michel-Ange
- ▢ **D** Sandro Botticelli

Arts, culture, mythologies et religions
Sculpture

QCM 5

Pour toutes les questions, il y a une ou plusieurs réponses possibles.

1. La statue de bronze *Le Penseur* est de :
- ▢ **A** Joan Miró
- ▢ **B** Alberto Giacometti
- ▢ **C** Auguste Rodin
- ▢ **D** Camille Claudel

2. La *Victoire de Samothrace* est :
- ▢ **A** une sculpture grecque
- ▢ **B** un bronze de Rembrandt
- ▢ **C** une esquisse de Léonard de Vinci
- ▢ **D** un marbre de Michel-Ange

3. La *Vénus de Milo* tire son nom :
- ▢ **A** de son sculpteur
- ▢ **B** du musée où elle est exposée
- ▢ **C** du lieu de sa découverte
- ▢ **D** de la ville où elle a été sculptée

4. Camille Claudel :
- ▢ **A** était sculptrice
- ▢ **B** était la sœur de l'écrivain Paul Claudel
- ▢ **C** fut internée en hôpital psychiatrique durant 30 ans
- ▢ **D** a sculpté le *Buste de Rodin*

5. *L'homme qui marche* est une sculpture de :
- ▢ **A** Fernando Botero
- ▢ **B** Alberto Giacometti
- ▢ **C** Jean Lemonnier
- ▢ **D** Pablo Picasso

6. Chassez l'intrus.
- ▢ **A** Alexander Calder
- ▢ **B** César
- ▢ **C** Frédéric Auguste Bartholdi
- ▢ **D** Constantin Brancusi

Arts, culture, mythologies et religions
Musique

QCM 6

Pour toutes les questions, il y a une ou plusieurs réponses possibles.

▸ Généralités et instruments

1. Le ukulélé est :
- ▢ **A** un petit xylophone
- ▢ **B** une forme de maracas
- ▢ **C** une petite guitare hawaïenne
- ▢ **D** un type d'harmonica

2. En quelle année est décédée La Callas ?
- ▢ **A** 1967
- ▢ **B** 1977
- ▢ **C** 1987
- ▢ **D** 1997

3. De quel instrument joue Stéphane Grappelli ?
- ▢ **A** Violon
- ▢ **B** Guitare
- ▢ **C** Piano
- ▢ **D** Saxophone

4. Combien d'interligne(s) contient une portée ?
- ▢ **A** 1
- ▢ **B** 2
- ▢ **C** 3
- ▢ **D** 4

5. Herbert Von Karajan :
- ▢ **A** a participé au premier Festival de Bayreuth d'après-guerre
- ▢ **B** a été membre du parti nazi
- ▢ **C** a créé son propre festival à Salzbourg
- ▢ **D** a été directeur artistique de l'Opéra de Paris

6. La musique est apparue :
- ▢ **A** 50 000 ans av. J.-C.
- ▢ **B** 5 000 ans av. J.-C.
- ▢ **C** 2 600 ans av. J.-C.
- ▢ **D** 1 000 ans av. J.-C.

▸ Musique classique

7. L'*Ode à la joie*, devenue hymne de l'Europe, se situe dans :

- ▢ **A** la 4e *symphonie* de Brahms
- ▢ **B** la 40e *symphonie* de Mozart
- ▢ **C** la 9e *symphonie* de Beethoven
- ▢ **D** le *Requiem* de Fauré

8. Compositeur italien (1858-1924), issu d'une famille de musiciens, il fut d'abord organiste puis il se consacra à l'opéra et connut son premier succès avec *Manon Lescaut*. Il s'agit de :

- ▢ **A** Giuseppe Verdi
- ▢ **B** Vincenzo Bellini
- ▢ **C** Gioacchino Rossini
- ▢ **D** Giacomo Puccini

9. Lors d'un concert fameux, un enfant prodige, le jeune Liszt, joua devant un auditeur célèbre assis au premier rang : lequel ?

- ▢ **A** Jean-Sébastien Bach
- ▢ **B** Franz Schubert
- ▢ **C** Ludwig Van Beethoven
- ▢ **D** Frédéric Chopin

10. Un orchestre de musique baroque, au complet, est composé de :

- ▢ **A** 8 musiciens
- ▢ **B** 12 musiciens
- ▢ **C** 18 musiciens
- ▢ **D** 26 musiciens

11. Qui a composé *Le Barbier de Séville ?*

- ▢ **A** Vincenzo Bellini
- ▢ **B** Gioacchino Rossini
- ▢ **C** Giuseppe Verdi
- ▢ **D** Richard Wagner

12. Je suis né à Paris le 7 janvier 1899, mort le 30 janvier 1963. J'ai appris le piano dès l'âge de 5 ans. Gabriel Fauré et Claude Debussy, entre autres, m'ont marqué dans ma manière d'appréhender la musique. J'ai composé les *Litanies à la Vierge noire* à l'âge de 18 ans. Qui suis-je ?

- ▢ **A** Arthur Honegger
- ▢ **B** Darius Milhaud
- ▢ **C** Francis Poulenc
- ▢ **D** André Jolivet

Musique populaire

13. Qui était Lionel Hampton ?

- ▢ **A** Un acteur américain
- ▢ **B** Un chef d'orchestre
- ▢ **C** Un jazzman américain
- ▢ **D** L'ancien directeur de la CIA

14. Qui était surnommé « Le fou chantant » ?

- ▢ **A** Serge Gainsbourg
- ▢ **B** Charles Aznavour
- ▢ **C** Pascal Sevran
- ▢ **D** Charles Trenet

15. La tecktonik est :

- ▢ **A** une danse électronique
- ▢ **B** inspirée du hip-hop
- ▢ **C** un style de musique
- ▢ **D** une compilation de chansons

16. Quelle est la spécialité du chanteur Grand Corps Malade ?

- ▢ **A** Le rap
- ▢ **B** Le hip-hop
- ▢ **C** Le slam
- ▢ **D** Le rock

17. Quel est le titre de la dernière chanson de Claude François avant qu'il ne décède ?

- ▢ **A** *Alexandrie, Alexandra*
- ▢ **B** *Comme d'habitude*
- ▢ **C** *Le téléphone pleure*
- ▢ **D** *Belles, belles, belles*

18. Membre des Beatles, Richard Starkey, dit Ringo Starr était :

- ▢ **A** batteur
- ▢ **B** guitariste
- ▢ **C** bassiste
- ▢ **D** chanteur

19. Le vrai prénom de ce chanteur, auteur, compositeur décédé en 1991 était Lucien. Qui est-il ?

- ▢ **A** Charles Trenet
- ▢ **B** Charles Aznavour
- ▢ **C** Serge Gainsbourg
- ▢ **D** Henri Salvador

Arts, culture, mythologies et religions
Cinéma

QCM 7

Pour toutes les questions, il y a une ou plusieurs réponses possibles.

▸ Cinéma classique

1. Quel film, remake d'une série TV des années 1960, se déroule dans le musée du Louvre ?
- ▢ **A** *Les trois mousquetaires*
- ▢ **B** *Zorro*
- ▢ **C** *Da Vinci Code*
- ▢ **D** *Belphégor*

2. Lequel de ces films n'est pas de François Truffaut ?
- ▢ **A** *Jules et Jim*
- ▢ **B** *Peur sur la ville*
- ▢ **C** *Baisers volés*
- ▢ **D** *Le Dernier Métro*

3. Il a réalisé *Le Vieux Fusil* et il est mort en février 2001. Qui est-il ?
- ▢ **A** Robert Hossein
- ▢ **B** François Truffaut
- ▢ **C** Jean-Jacques Annaud
- ▢ **D** Robert Enrico

4. Quel est le premier long-métrage de Walt Disney ?
- ▢ **A** *Pinocchio*
- ▢ **B** *Blanche Neige et les Sept Nains*
- ▢ **C** *Bambi*
- ▢ **D** *Dumbo*

5. Charles Laughton a été le réalisateur d'un seul film. Lequel ?
- ▢ **A** *Le Cuirassé Potemkine*
- ▢ **B** *Citizen Kane*
- ▢ **C** *La Nuit du chasseur*
- ▢ **D** *Barry Lyndon*

6. Avant Monica Belluci, quelle comédienne a interprété Cléopâtre dans un film de Joseph Mankiewicz ?
- ▢ **A** Ava Gardner
- ▢ **B** Elizabeth Taylor
- ▢ **C** Jane Fonda
- ▢ **D** Sophia Loren

▸ Cinéma populaire

7. En 1997, au Festival de Cannes, Vanessa Paradis reprend une chanson immortalisée par la présidente du jury. Qui était la présidente ?

- ▢ **A** Charlotte Rampling
- ▢ **B** Jodie Foster
- ▢ **C** Jeanne Moreau
- ▢ **D** Michèle Morgan

8. Qui n'a pas joué dans le film *La Boum* ?

- ▢ **A** Brigitte Fossey
- ▢ **B** Lambert Wilson
- ▢ **C** Claude Brasseur
- ▢ **D** Sophie Marceau

9. En 2008, Marion Cotillard a reçu :

- ▢ **A** un Golden Globe
- ▢ **B** un Ours d'Or
- ▢ **C** un César
- ▢ **D** un Oscar

10. Quel film Luc Besson n'a-t-il pas réalisé ?

- ▢ **A** *Nikita*
- ▢ **B** *L'Idéaliste*
- ▢ **C** *Jeanne d'Arc*
- ▢ **D** *Le Cinquième élément*

11. Quel est le nom de l'actrice principale du *Fabuleux destin d'Amélie Poulain* ?

- ▢ **A** Charlotte Gainsbourg
- ▢ **B** Virginie Ledoyen
- ▢ **C** Mathilde Segnier
- ▢ **D** Audrey Tautou

12. Parmi ces films, lequel n'a pas été réalisé par les Frères Cohen ?

- ▢ **A** *Fargo*
- ▢ **B** *Paris je t'aime*
- ▢ **C** *No Country for Old Men*
- ▢ **D** *Sailor and Lula*

13. Qui est le réalisateur du film *Avatar* ?

- ▢ **A** James Cameron
- ▢ **B** Georges Lucas
- ▢ **C** Steven Spielberg
- ▢ **D** Woody Allen

Arts, culture, mythologies et religions
Photographie

QCM 8

Pour toutes les questions, il y a une ou plusieurs réponses possibles.

1. *Le Baiser de l'Hôtel de Ville,* photographie de Robert Doisneau, a été prise à :
- ▢ **A** Bruxelles
- ▢ **B** Paris
- ▢ **C** New York
- ▢ **D** Marseille

2. En 1835, l'inventeur britannique William Henry Fox Talbot réalisa :
- ▢ **A** la première pellicule
- ▢ **B** le premier négatif
- ▢ **C** le premier appareil photo
- ▢ **D** la première caméra

3. Quel est le photographe aérien le plus célèbre de France ?
- ▢ **A** Yann Arthus-Bertrand
- ▢ **B** Robert Doisneau
- ▢ **C** Jean Kodak
- ▢ **D** Georges Hamilton

4. Les photographes Edward Weston, Ansel Adams, Imogen Cunningham ont fondé un groupe appelé f/64 qui correspond :
- ▢ **A** au nombre de photos prises en une seconde
- ▢ **B** à l'ouverture du diaphragme d'un objectif
- ▢ **C** au nombre de tirages possibles à partir d'une pellicule
- ▢ **D** au zoom maximum possible

5. La date officielle de l'invention de la photographie est :
- ▢ **A** 1805
- ▢ **D** 1826
- ▢ **C** 1839
- ▢ **D** 1881

6. Parmi les toutes premières photographies de guerre figurent celles prises par le photographe britannique :
- ▢ **A** David Bailey
- ▢ **B** Francis Frith
- ▢ **C** Rip Hopkins
- ▢ **D** Roger Fenton

Arts, culture, mythologies et religions
Bande dessinée

QCM 9

Pour toutes les questions, il y a une ou plusieurs réponses possibles.

1. Qui est le dessinateur à l'origine d'*Astérix* ?
- ▢ **A** André Franquin
- ▢ **B** Greg
- ▢ **C** Albert Uderzo
- ▢ **D** Cabu

2. Combien y a-t-il de frères Dalton dans l'album *Lucky Luke* ?
- ▢ **A** Deux
- ▢ **B** Trois
- ▢ **C** Quatre
- ▢ **D** Cinq

3. Quels personnages ont été créés par René Goscinny ?
- ▢ **A** Achille Talon
- ▢ **B** Blake et Mortimer
- ▢ **C** Lucky Luke
- ▢ **D** Iznogoud

4. Dans les albums de *Tintin*, quelle cantatrice chante : « ... de me voir si belle en ce miroir » ?
- ▢ **A** La Castafiore
- ▢ **B** Rastapopoulos
- ▢ **C** Alcazar
- ▢ **D** Oliviera da Figueira

5. Quel est le prénom du grand-père Simpson ?
- ▢ **A** Mortimer
- ▢ **B** Ernest
- ▢ **C** Barnabé
- ▢ **D** Abraham

6. Dans *Boule et Bill*, qui est Bill ?
- ▢ **A** Un chat
- ▢ **B** Un marsupial
- ▢ **C** Un chien
- ▢ **D** Un perroquet

Arts, culture, mythologies et religions
Mythologies

QCM 10

Pour toutes les questions, il y a une ou plusieurs réponses possibles.

1. Dans la mythologie nordique, comment se nomme le dieu de la foudre ?
- ▢ **A** Arès
- ▢ **B** Jupiter
- ▢ **C** Thor
- ▢ **D** Zeus

2. Quel héros de la mythologie fut rendu célèbre grâce à la force provenant de ses cheveux ?
- ▢ **A** Hercule
- ▢ **B** Goliath
- ▢ **C** Héraclès
- ▢ **D** Samson

3. Parmi ces actions, lesquelles ont été accomplies par Héraclès ?
- ▢ **A** Il étouffa le lion de Némée
- ▢ **B** Il tua Diomède qui nourrissait ses chevaux de chair humaine
- ▢ **C** Il nettoya les écuries d'Augias
- ▢ **D** Il alla chercher la toison d'or avec les Argonautes

4. Qu'étaient les Walkyries de la mythologie nordique ?
- ▢ **A** Les déesses du foyer
- ▢ **B** Des vierges
- ▢ **C** Des lutins
- ▢ **D** Les déesses de la lumière

5. Quel est le personnage qu'Ulysse n'a pas rencontré ?
- ▢ **A** Calypso
- ▢ **B** Didon
- ▢ **C** Circé
- ▢ **D** Nausicaa

6. Qui était Neptune pour les Romains ?
- ▢ **A** Le dieu du feu
- ▢ **B** Le dieu de la terre
- ▢ **C** Le dieu de la guerre
- ▢ **D** Le dieu de la mer

Religions

QCM 11

Pour toutes les questions, il y a une ou plusieurs réponses possibles.

1. La fête de Pâques commémore :
- ▢ **A** la naissance de Jésus
- ▢ **B** la résurrection du Christ
- ▢ **C** la naissance du Christ
- ▢ **D** la mort du Christ

2. Quelle fête musulmane commémore le sacrifice d'Abraham ?
- ▢ **A** Le Ramadan
- ▢ **B** L'Aïd-el-kébir
- ▢ **C** Le Moloud
- ▢ **D** L'Achoura

3. Quelle est la durée du carême chrétien ?
- ▢ **A** 10 jours
- ▢ **B** 30 jours
- ▢ **C** 40 jours
- ▢ **D** 60 jours

4. Qu'est-ce que l'Assomption ?
- ▢ **A** L'élévation de la Vierge Marie au ciel
- ▢ **B** La naissance du Christ
- ▢ **C** Le don du Saint-Esprit aux apôtres
- ▢ **D** La naissance de Jésus

5. Comment appelle-t-on le passage à la majorité religieuse des jeunes juifs ?
- ▢ **A** La Torah
- ▢ **B** La Bar-mitsva
- ▢ **C** Le Talmud
- ▢ **D** Le Chetoubîm

6. À quelle religion appartient le dieu Vishnou ?
- ▢ **A** Musulmane
- ▢ **B** Hindoue
- ▢ **C** Catholique
- ▢ **D** Animiste

Partie 2

HISTOIRE, POLITIQUE ET SOCIÉTÉ

Histoire, politique et société
Préhistoire (– 3 000 000 à – 3000)

QCM 12

Pour toutes les questions, il y a une ou plusieurs réponses possibles.

1. Dans laquelle des propositions ci-dessous les hominidés sont-ils correctement classés par ordre chronologique dans le cadre de l'évolution de l'humanité ? (A. *homo sapiens* ; B. *homo habilis* ; C. homme de Neandertal ; D. *homo erectus*)
- ▢ **A** C - B - D - A
- ▢ **B** B - D - C - A
- ▢ **C** C - B - D - A
- ▢ **D** B - C - D - A

2. La fin de la préhistoire se caractérise par :
- ▢ **A** la maîtrise du feu
- ▢ **B** l'apparition de l'agriculture
- ▢ **C** la sédentarisation
- ▢ **D** l'apparition de l'écriture
- ▢ **E** l'art pariétal et les peintures rupestres

3. La maîtrise du feu date de :
- ▢ **A** 2 millions d'années
- ▢ **B** 1 million d'années
- ▢ **C** 500 000 ans
- ▢ **D** 100 000 ans

4. Les trois grandes périodes de la préhistoire sont :
- ▢ **A** le mégalithique
- ▢ **B** le paléolithique
- ▢ **C** le mésolithique
- ▢ **D** le néolithique

5. L'homme de Cro-Magnon est un australopithèque.
- ▢ **A** Vrai
- ▢ **B** Faux

6. Les premiers outils retrouvés datent de :
- ▢ **A** – 2 à 3 millions d'années
- ▢ **B** – 1 million d'années
- ▢ **C** – 500 000 ans
- ▢ **D** – 100 000 ans

Antiquité (– 3000 à 476)

QCM 13

Pour toutes les questions, il y a une ou plusieurs réponses possibles.

1. Qui est la fille de Ptolémée XII ?
- ▢ **A** Néfertiti
- ▢ **B** Osiris
- ▢ **C** Isis
- ▢ **D** Cléopâtre

2. Quelle est la date des premières olympiades ?
- ▢ **A** 1006 av. J.-C.
- ▢ **B** 776 av. J.-C.
- ▢ **C** 336 av. J.-C.
- ▢ **D** 16 av. J.-C.

3. Qui a fondé la ville de Rome ?
- ▢ **A** César
- ▢ **B** Bacchus
- ▢ **C** Trajan
- ▢ **D** Romulus

4. Jules César a été assassiné par :
- ▢ **A** Brutus
- ▢ **B** Cicéron
- ▢ **C** Marius
- ▢ **D** Horace

5. L'Antiquité suit le Moyen Âge.
- ▢ **A** Vrai
- ▢ **B** Faux

6. L'écriture est née :
- ▢ **A** à la préhistoire
- ▢ **B** à l'Antiquité
- ▢ **C** au Moyen Âge
- ▢ **D** à la Renaissance

Histoire, politique et société

Moyen Âge (476 à 1492)

QCM 14

Pour toutes les questions, il y a une ou plusieurs réponses possibles.

1. Le Moyen Âge se termine au :
- ▢ **A** XIIe siècle
- ▢ **B** XIIe siècle
- ▢ **C** XIVe siècle
- ▢ **D** XVe siècle

2. La guerre de Cent Ans dura :
- ▢ **A** 99 ans
- ▢ **B** 100 ans
- ▢ **C** 102 ans
- ▢ **D** 116 ans

3. Les croisades sont des expéditions menées à la demande :
- ▢ **A** du roi
- ▢ **B** du pape
- ▢ **C** de l'empereur
- ▢ **D** des chrétiens

4. Qui succéda à Charles Martel ?
- ▢ **A** Philipe le Bel
- ▢ **B** Dagobert
- ▢ **C** Pépin le Bref
- ▢ **D** Saint Louis

5. Qui reprit Orléans aux Anglais ?
- ▢ **A** Jean le Bon
- ▢ **B** Charles le Téméraire
- ▢ **C** Jeanne d'Arc
- ▢ **D** Louis le Pieux

6. Charlemagne a été couronné Empereur d'Occident par le pape à Rome en :
- ▢ **A** 500
- ▢ **B** 800
- ▢ **C** 1100
- ▢ **D** 1400

Temps modernes (1492 à 1815)

QCM 15

Pour toutes les questions, il y a une ou plusieurs réponses possibles.

▸ En France

1. Qui fut le premier roi de la dynastie des Bourbons ?

- ▢ **A** Henri IV
- ▢ **B** Philippe Ier
- ▢ **C** Louis XIV
- ▢ **D** Charles V

2. Quelle femme donna à Napoléon Ier un fils nommé Napoléon II ?

- ▢ **A** Joséphine de Beauharnais
- ▢ **B** Marie-Louise de Habsbourg
- ▢ **C** Marie Leczinska
- ▢ **D** Marie Antoinette

3. En quelle année Richelieu devient-il ministre de Louis XIII ?

- ▢ **A** 1599
- ▢ **B** 1614
- ▢ **C** 1629
- ▢ **D** 1638

4. Où est mort Napoléon Ier ?

- ▢ **A** Sur l'île d'Elbe
- ▢ **B** À Waterloo
- ▢ **C** À Sainte-Hélène
- ▢ **D** À Leipzig

5. Marignan (1515), victoire sur les Suisses de :

- ▢ **A** François Ier
- ▢ **B** Colbert
- ▢ **C** Napoléon Bonaparte
- ▢ **D** Mazarin

6. L'édit de Villers-Cotterêts :

- ▢ **A** interdit le protestantisme
- ▢ **B** reconnaît l'héliocentrisme
- ▢ **C** impose le français comme langue officielle

▸ En Europe

7. En quelle année eut lieu la bataille de Waterloo ?
- ▢ **A** 1810
- ▢ **B** 1802
- ▢ **C** 1815
- ▢ **D** 1805

8. En 1805, une flotte franco-espagnole est vaincue par l'amiral anglais Nelson. Il s'agit de :
- ▢ **A** la bataille d'Austerlitz
- ▢ **B** la défaite navale de Trafalgar
- ▢ **C** la victoire de Friedland
- ▢ **D** la bataille navale d'Auckland

9. Qui fut le premier tsar de Russie ?
- ▢ **A** Boris Godounov
- ▢ **B** Michel Fedorovitch
- ▢ **C** Ivan le Terrible
- ▢ **D** Alexis Petrovitch

10. De 1509 à 1547, le roi d'Angleterre était :
- ▢ **A** Henri VIII
- ▢ **B** Charles V
- ▢ **C** Édouard VI
- ▢ **D** Henri VII

11. Philippe III, roi d'Espagne de 1598 à 1621, laisse le pouvoir à son favori :
- ▢ **A** Olivares
- ▢ **B** Lerma
- ▢ **C** Carlos
- ▢ **D** Rodrigues

12. Au cours du XVIIIe siècle, la Pologne a subi :
- ▢ **A** un seul partage
- ▢ **B** deux partages
- ▢ **C** trois partages
- ▢ **D** quatre partages

13. En Europe, les guerres de religion ont duré de :
- ▢ **A** 1558 à 1594
- ▢ **B** 1560 à 1596
- ▢ **C** 1562 à 1598
- ▢ **D** 1566 à 1602

▸ Dans le monde

14. Qui a découvert l'Amérique ?
- ▢ **A** Vasco de Gama
- ▢ **B** Jacques Cartier
- ▢ **C** Fernand de Magellan
- ▢ **D** Christophe Colomb

15. En Chine, en 1644, on assiste à la fin de la dynastie :

- ▢ **A** Ming
- ▢ **B** Chang
- ▢ **C** Wang
- ▢ **D** Xu

16. La Guerre d'indépendance des États-Unis d'Amérique débuta en :

- ▢ **A** 1692
- ▢ **B** 1736
- ▢ **C** 1775
- ▢ **D** 1783

17. Le premier président des États-Unis fut :

- ▢ **A** Thomas Jefferson
- ▢ **B** George Washington
- ▢ **C** John Tyler
- ▢ **D** James Monroe

18. Le début de la période maorie classique dans l'île du sud de la Nouvelle-Zélande date des années :

- ▢ **A** 1620
- ▢ **B** 1630
- ▢ **C** 1640
- ▢ **D** 1650

19. En 1494, le Portugal et l'Espagne se partagent le Nouveau Monde grâce au traité de :

- ▢ **A** Maastricht
- ▢ **B** Zanzibar
- ▢ **C** Tordesillas
- ▢ **D** Versailles

20. En quelle année Copernic affirma-t-il que la Terre tourne autour du Soleil ?

- ▢ **A** 1532
- ▢ **B** 1543
- ▢ **C** 1557
- ▢ **D** 1786

Histoire, politique et société
Époque contemporaine (1815 à nos jours)

QCM 16

Pour toutes les questions, il y a une ou plusieurs réponses possibles.

▸ En France

1. Au cours du XIXe siècle, la France a connu de nombreux régimes politiques : la Restauration (A) ; la IIe République (B) ; le Premier Empire (C) ; le Second Empire (D) ; la Monarchie de Juillet (E).
Parmi les propositions suivantes, quelle est celle qui respecte l'ordre chronologique ?
- ▢ **A** A - B - C - D - E
- ▢ **B** E - A - B - C - D
- ▢ **C** C - D - A - E - B
- ▢ **D** C - A - E - B – D

2. Quand a débuté la IVe République en France ?
- ▢ **A** En septembre 1945
- ▢ **B** En juin 1944
- ▢ **C** En novembre 1948
- ▢ **D** En décembre 1958

3. Qui était la cible de l'attentat du Petit-Clamart ?
- ▢ **A** Jacques Chirac
- ▢ **B** Georges Pompidou
- ▢ **C** François Mitterrand
- ▢ **D** Charles de Gaulle

4. Le Front populaire accède au pouvoir en :
- ▢ **A** 1936
- ▢ **B** 1939
- ▢ **C** 1945
- ▢ **D** 1951

5. À propos de la bataille de Verdun :
- ▢ **A** Elle a opposé la France et l'Allemagne en 1918
- ▢ **B** Le 21 février 1916, les Allemands ont attaqué la rive droite de la Meuse
- ▢ **C** Pétain organise la résistance et l'arrivée des renforts par la « Voie sacrée »
- ▢ **D** Le bilan des pertes fut d'environ 362 000 blessés et tués du côté français

6. **Qui demande l'armistice en 1940 ?**
- ▢ **A** Le maréchal Foch
- ▢ **B** Le maréchal Pétain
- ▢ **C** Le général de Gaulle
- ▢ **D** Le maréchal Joffre

7. **Alain Poher a été deux fois président de la République par intérim durant la Cinquième République.**
- ▢ **A** Vrai
- ▢ **B** Faux

▸ En Europe

8. **La guerre du Kosovo opposait :**
- ▢ **A** Serbes et Croates
- ▢ **B** Croates et Albanais
- ▢ **C** Albanais et Turcs
- ▢ **D** Serbes et Albanais

9. **L'URSS est devenue Russie en :**
- ▢ **A** 1989
- ▢ **B** 1991
- ▢ **C** 1992
- ▢ **D** 1995

10. **Le fascisme est né en Italie.**
- ▢ **A** Faux
- ▢ **B** Vrai

11. **Guillaume Ier était roi :**
- ▢ **A** d'Italie
- ▢ **B** de Russie
- ▢ **C** de Prusse
- ▢ **D** d'Autriche

12. **Comment appelait-on le conflit qui opposa les États-Unis et l'URSS ?**
- ▢ **A** Guerre sainte
- ▢ **B** Grande Guerre
- ▢ **C** Guerre européenne
- ▢ **D** Guerre froide

13. **La chute du mur de Berlin date de :**
- ▢ **A** 1961
- ▢ **B** 1975
- ▢ **C** 1989
- ▢ **D** 1992

14. **En 1992, quel traité crée l'Union européenne ?**
- ▢ **A** Le traité de Strasbourg
- ▢ **B** Le traité de Rome
- ▢ **C** Le traité de Vienne
- ▢ **D** Le traité de Maastricht

▸ Dans le monde

15. La croissance économique des pays occidentaux entre 1950 et 1974 s'appelle :
- ☐ **A** les Trente Heureuses
- ☐ **B** les Trente Euphoriques
- ☐ **C** les Trente Triomphantes
- ☐ **D** les Trente Glorieuses

16. Quel président américain a donné l'ordre de lancer la bombe atomique sur Hiroshima ?
- ☐ **A** Franklin Roosevelt
- ☐ **B** Harry Truman
- ☐ **C** Edgar Hoover
- ☐ **D** Winston Churchill

17. En 1948, l'aide financière des États-Unis aux pays de l'Europe de l'Ouest se nomme :
- ☐ **A** les accords de Grenelle
- ☐ **B** le plan Marshall
- ☐ **C** le plan Eisenhower
- ☐ **D** les accords d'Évian

18. Martin Luther King a été assassiné en :
- ☐ **A** 1964
- ☐ **B** 1968
- ☐ **C** 1970
- ☐ **D** 1975

19. En février 1991, l'opération « Tempête du désert » a libéré :
- ☐ **A** L'Iran
- ☐ **B** l'Irak
- ☐ **C** le Koweït
- ☐ **D** l'Arabie Saoudite

20. Le 9 avril 2003, à Bagdad, capitale irakienne, quel est le symbole de la fin du régime de Saddam Hussein ?
- ☐ **A** Le retour des chaînes télévisées internationales
- ☐ **B** La réapparition de tous les produits alimentaires
- ☐ **C** Le « déboulonnage » de toutes les statues du « Raïs »
- ☐ **D** La destruction de tous les monuments

21. Quel est le dernier pays à adhérer à l'Organisation des Nations Unies ?
- ☐ **A** Le Soudan du Sud
- ☐ **B** Oman
- ☐ **C** Chypre
- ☐ **D** La Palestine

Histoire, politique et société

Administration et politique françaises

QCM 17

Pour toutes les questions, il y a une ou plusieurs réponses possibles.

▸ Institutions

1. Qui est le rédacteur de la Constitution de la Ve République ?

- ▢ **A** Raymond Poincaré
- ▢ **B** Michel Rocard
- ▢ **C** Michel Debré
- ▢ **D** Jean-Paul Sartre

2. Quel est le nom du président du Conseil constitutionnel en 2022 ?

- ▢ **A** Pierre Joxe
- ▢ **B** Laurent Fabius
- ▢ **C** Jacques Chirac
- ▢ **D** Jean-Louis Debré

3. Les députés sont élus au suffrage universel direct pour une durée de :

- ▢ **A** 4 ans
- ▢ **B** 5 ans
- ▢ **C** 6 ans
- ▢ **D** 7 ans

4. Le Premier ministre est nommé par :

- ▢ **A** le gouvernement
- ▢ **B** l'Assemblée nationale
- ▢ **C** le président de la République
- ▢ **D** le Congrès

5. Les textes de lois présentés par le gouvernement s'appellent :

- ▢ **A** les propositions de lois
- ▢ **B** les projets de lois
- ▢ **C** les ordonnances
- ▢ **D** les arrêtés

6. L'article de la Constitution qui donne au président de la République, dans certaines circonstances, les pleins pouvoirs est l'article :

- ▢ **A** 9
- ▢ **B** 16
- ▢ **C** 43
- ▢ **D** 51

▸ Symboles de la République

7. Qu'est-ce qu'une cocarde ?

- ▢ **A** Un nœud décoratif
- ▢ **B** Un grade militaire
- ▢ **C** Un insigne aux couleurs nationales
- ▢ **D** Un badge VIP

8. Quel symbole est surtout utilisé à l'étranger pour évoquer la France, notamment comme emblème sportif ?

- ▢ **A** Le coq
- ▢ **B** La Marianne
- ▢ **C** Le bleu, blanc, rouge
- ▢ **D** Le palais de l'Élysée

9. Comment se nomme la figure représentative de la République française ?

- ▢ **A** Antoinette
- ▢ **B** Marie
- ▢ **C** Anne
- ▢ **D** Marianne

10. Comment s'appelle le bonnet devenu symbole de la Révolution française ?

- ▢ **A** Mérovingien
- ▢ **B** Carolingien
- ▢ **C** Phrygien
- ▢ **D** Prussien

11. Le calendrier républicain fut créé en :

- ▢ **A** 1610
- ▢ **B** 1789
- ▢ **C** 1812
- ▢ **D** 1925

12. Quelle République fit du Palais de l'Élysée la résidence du président de la République ?

- ▢ **A** La Ire République
- ▢ **B** La IIe République
- ▢ **C** La IIIe République
- ▢ **D** La VIe République

▸ Organisation administrative et politique

13. Combien la France compte-t-elle, au total, de départements ?

- ▢ **A** 85
- ▢ **B** 96
- ▢ **C** 101
- ▢ **D** 100

14. Parmi les critères suivants, lequel ne s'applique pas à la définition du service public :

- ▢ **A** la continuité
- ▢ **B** l'égalité
- ▢ **C** l'adaptation
- ▢ **D** la duplicité
- ▢ **E** la transparence

15. Les collectivités territoriales sont rattachées à un ministère. Lequel ?

- ▢ **A** Ministère de l'Intérieur
- ▢ **B** Ministère du Budget
- ▢ **C** Ministère de la Justice
- ▢ **D** Ministère du Travail

16. La plus petite division administrative est :

- ▢ **A** le département
- ▢ **B** le canton
- ▢ **C** la commune
- ▢ **D** l'arrondissement

17. « Système dans lequel l'État délègue certains pouvoirs de décision à des agents ou organismes locaux qui sont soumis à l'autorité centrale. » Cette définition correspond à une :

- ▢ **A** décentralisation
- ▢ **B** délocalisation
- ▢ **C** régionalisation
- ▢ **D** déconcentration

18. Dans les départements français, le préfet :

- ▢ **A** est élu par tous les conseillers municipaux d'un département
- ▢ **B** est élu par les conseillers généraux d'un département
- ▢ **C** est nommé par décret du président de la République
- ▢ **D** est nommé par arrêté du président du conseil départemental

19. En qualité d'agent déconcentré de l'État, le maire est officier :

- ▢ **A** de la Légion d'honneur
- ▢ **B** d'état civil
- ▢ **C** de réserve
- ▢ **D** du ministère public

Partie 3

GÉOGRAPHIE

Géographie
Afrique

QCM 18

Pour toutes les questions, il y a une ou plusieurs réponses possibles.

1. Quel royaume africain de 30 000 km^2 a pour capitale Maseru ?
- ▢ **A** Le Botswana
- ▢ **B** Le Lesotho
- ▢ **C** Le Mozambique
- ▢ **D** La Namibie

2. Dans quel pays se situe la Kabylie ?
- ▢ **A** En Iran
- ▢ **B** En Algérie
- ▢ **C** En Irak
- ▢ **D** En Turquie

3. Avec quelle monnaie paie-t-on si l'on se trouve à Nairobi ?
- ▢ **A** Le shilling
- ▢ **B** Le dinar
- ▢ **C** Le franc CFA
- ▢ **D** La livre

4. Quel terme désigne le nom que portait la République démocratique du Congo avant 1997 ?
- ▢ **A** Zaïre
- ▢ **B** Angola
- ▢ **C** Niger
- ▢ **D** Tchad

5. Chassez l'intrus.
- ▢ **A** Niger
- ▢ **B** Volta
- ▢ **C** Gambie
- ▢ **D** Amazonie

6. Quelle ville marocaine n'est pas un port sur l'Atlantique ?
- ▢ **A** Agadir
- ▢ **B** Marrakech
- ▢ **C** Safi
- ▢ **D** Essaouira

Géographie
Amérique

QCM 19

Pour toutes les questions, il y a une ou plusieurs réponses possibles.

1. Il a pour pays limitrophes la Colombie, la Guyana et le Brésil. De quel pays s'agit-il ?
- ▢ **A** Le Venezuela
- ▢ **B** Le Pérou
- ▢ **C** La Bolivie
- ▢ **D** Le Paraguay

2. Quelle est la langue officielle du Brésil ?
- ▢ **A** L'anglais
- ▢ **B** Le brésilien
- ▢ **C** L'espagnol
- ▢ **D** Le portugais

3. La capitale du Canada est :
- ▢ **A** Montréal
- ▢ **B** Ottawa
- ▢ **C** Vancouver
- ▢ **D** Toronto

4. Comment nomme-t-on les quartiers pauvres et insalubres au Brésil ?
- ▢ **A** Les favelas
- ▢ **B** Les *gated-communities*
- ▢ **C** Les zones
- ▢ **D** Les bidonvilles

5. Quel président américain a donné son nom à l'aéroport de New York ?
- ▢ **A** Nixon
- ▢ **B** Kennedy
- ▢ **C** Eisenhower
- ▢ **D** Washington

6. Quel fleuve de l'Arizona a creusé le Grand Canyon ?
- ▢ **A** Le Rio Grande
- ▢ **B** Le Mississippi
- ▢ **C** Le Colombia
- ▢ **D** Le Colorado

Géographie
Asie

QCM 20

Pour toutes les questions, il y a une ou plusieurs réponses possibles.

1. Quelle est la capitale de la Mongolie ?
- ▢ **A** Lhassa
- ▢ **B** Bhopal
- ▢ **C** Katmandou
- ▢ **D** Oulan-Bator

2. Quel pays possède 22 langues officielles et perpétue le système de castes malgré son abolition en 1949 ?
- ▢ **A** L'Inde
- ▢ **B** Le Burkina Faso
- ▢ **C** La Guinée
- ▢ **D** Le Pakistan

3. Quel État d'Asie du Sud-Est possède un drapeau avec deux lignes horizontales : une rouge et une blanche ?
- ▢ **A** La Birmanie
- ▢ **B** Le Cambodge
- ▢ **C** L'Indonésie
- ▢ **D** La Thaïlande

4. Comment s'appelle le chef d'État du Japon ?
- ▢ **A** Empereur Naruhito
- ▢ **B** Empereur Hirohito
- ▢ **C** Empereur Okinava
- ▢ **D** Empereur Yamamoto

5. Le plus grand barrage du monde a été construit :
- ▢ **A** aux États-Unis
- ▢ **B** au Japon
- ▢ **C** en Chine
- ▢ **D** en Inde

6. Le « pays du Soleil levant » est :
- ▢ **A** l'Inde
- ▢ **B** la Chine
- ▢ **C** le Vietnam
- ▢ **D** le Japon

Géographie
Océanie

QCM 21

Pour toutes les questions, il y a une ou plusieurs réponses possibles.

1. Son emblème est le kiwi. De quel pays s'agit-il ?
- ▢ **A** L'Irlande
- ▢ **B** La Nouvelle-Zélande
- ▢ **C** L'Afrique du Sud
- ▢ **D** La Grande-Bretagne

2. Quel pays possède la plus longue barrière corallienne du monde ?
- ▢ **A** L'Australie
- ▢ **B** La Nouvelle-Zélande
- ▢ **C** La Floride
- ▢ **D** La Nouvelle-Calédonie

3. Quelle est la plus grande île d'Océanie ?
- ▢ **A** La Papouasie
- ▢ **B** La Nouvelle-Zélande
- ▢ **C** L'Australie
- ▢ **D** Les îles Fidji

4. À propos de l'Océanie :
- ▢ **A** c'est le plus petit des continents
- ▢ **B** ce continent est situé dans l'océan Indien
- ▢ **C** l'Australie appartient à l'Océanie
- ▢ **D** en résumé, c'est l'Australie et l'Antarctique

5. Quelle est la capitale de la Papouasie-Nouvelle-Guinée ?
- ▢ **A** Wellington
- ▢ **B** Port Moresby
- ▢ **C** Nukualofa
- ▢ **D** Nouméa

6. L'Océanie se compose d'environ 1 000 îles.
- ▢ **A** Vrai
- ▢ **B** Faux

Géographie
Europe

QCM 22

Pour toutes les questions, il y a une ou plusieurs réponses possibles.

1. Quelle est la capitale de l'Islande ?
- ▢ **A** Reykjavik
- ▢ **B** Oslo
- ▢ **C** Copenhague
- ▢ **D** Stockholm

2. L'Elbe prend sa source en :
- ▢ **A** Russie
- ▢ **B** Allemagne
- ▢ **C** République tchèque
- ▢ **D** Pologne
- ▢ **E** Suisse

3. Parmi ces pays, lequel ou lesquels sont des pays baltes ?
- ▢ **A** La Pologne
- ▢ **B** La Lituanie
- ▢ **C** La Biélorussie
- ▢ **D** La Lettonie
- ▢ **E** L'Estonie

4. Les Arcadiens sont les habitants d'une région :
- ▢ **A** de la République tchèque
- ▢ **B** de la Grèce
- ▢ **C** de la Mésopotamie
- ▢ **D** de l'Italie

5. Parmi les pays ci-dessous, lesquels sont frontaliers de la Moldavie ?
- ▢ **A** La Bulgarie
- ▢ **B** L'Albanie
- ▢ **C** La Roumanie
- ▢ **D** L'Ukraine
- ▢ **E** La Hongrie

6. Les Dolomites sont :
- ▢ **A** en Allemagne
- ▢ **B** en Autriche
- ▢ **C** en Suisse
- ▢ **D** en Italie

Géographie
France

QCM 23

Pour toutes les questions, il y a une ou plusieurs réponses possibles.

▸ Géographie physique

1. Le Perche se situe :
▢ **A** dans les Vosges
▢ **B** à proximité de la Normandie
▢ **D** dans le Morvan
▢ **C** dans les Landes

2. La principauté de Monaco est enclavée dans le département :
▢ **A** du Var
▢ **B** des Alpes-de-Haute-Provence
▢ **C** des Alpes-Maritimes
▢ **D** des Hautes-Alpes

3. Le plateau de Millevaches se situe :
▢ **A** en Auvergne
▢ **B** dans le Périgord
▢ **C** dans le Limousin
▢ **D** dans le Berry

4. De ces quatre îles, laquelle est la plus septentrionale ?
▢ **A** Belle-Île
▢ **B** Oléron
▢ **C** Ré
▢ **D** Yeu

5. Quel lac, qui s'étend de part et d'autre de la France et de la Suisse, est le plus vaste lac d'Europe occidentale ?
▢ **A** Le lac Léman
▢ **B** Le lac d'Annecy
▢ **C** Le lac du Bourget
▢ **D** Le lac de Serre-Ponçon

6. L'altitude du Puy-de-Dôme est de :
▢ **A** 1 238 m
▢ **B** 1 464 m
▢ **C** 1 694 m
▢ **D** 1 806 m

▸ Géographie démographique

7. Quel est le taux de fécondité en France en 2021 ?

- ▢ **A** 2,23
- ▢ **B** 1,72
- ▢ **C** 1,83
- ▢ **D** 2,10

8. Du milieu du XVIIe siècle à nos jours, la population française a :

- ▢ **A** triplé
- ▢ **B** doublé
- ▢ **C** quadruplé
- ▢ **D** quintuplé

9. En 2021, le taux de chômage (en % de la population active) est de l'ordre de :

- ▢ **A** 6 %
- ▢ **B** 8 %
- ▢ **C** 10 %
- ▢ **D** 12 %

10. Parmi ces villes-préfectures, laquelle est la plus peuplée ?

- ▢ **A** Versailles
- ▢ **B** Avignon
- ▢ **C** Le Mans
- ▢ **D** Valence

11. Quel organisme public étudie la démographie française ?

- ▢ **A** L'APEC
- ▢ **B** L'INSEE
- ▢ **C** L'INED
- ▢ **D** La CNIL

12. Le baby-boom, brusque augmentation de la natalité en France, a commencé en :

- ▢ **A** 1789
- ▢ **B** 1919
- ▢ **C** 1946
- ▢ **D** 1956

▸ Géographie économique

13. Quel site français attire le plus de touristes ?

- ▢ **A** Le musée du Louvre
- ▢ **B** L'Arc de triomphe
- ▢ **C** Le Mont-Saint-Michel
- ▢ **D** La Tour Eiffel

14. Quel est le troisième aéroport français après les deux aéroports parisiens ?

- ▢ **A** Marseille
- ▢ **B** Nice
- ▢ **C** Lyon
- ▢ **D** Bordeaux

15. La Banque de France a été créée par :

- ▢ **A** Colbert
- ▢ **B** Turgot
- ▢ **C** Condorcet
- ▢ **D** Napoléon Ier

16. Les grandes exploitations agricoles se localisent plutôt dans :

- ▢ **A** le bassin aquitain
- ▢ **B** le bassin parisien
- ▢ **C** la Bretagne
- ▢ **D** le Midi

17. La principale orientation agricole du Massif central est :

- ▢ **A** l'élevage bovin
- ▢ **B** la mytiliculture
- ▢ **C** l'horticulture
- ▢ **D** l'aviculture

18. Quelle est la production agricole française la plus exportée ?

- ▢ **A** Les céréales
- ▢ **B** Les fleurs
- ▢ **C** Les fruits
- ▢ **D** La viande

19. Que signifie l'acronyme SAU ?

- ▢ **A** Salon agricole de l'Union européenne
- ▢ **B** Sélection d'animaux uniques
- ▢ **C** Société agricole unipersonnelle
- ▢ **D** Surface agricole utile

20. Qu'est-ce que le remembrement ?

- ▢ **A** L'installation de citadins à la campagne
- ▢ **B** La récupération de terres qui étaient en friche
- ▢ **C** Le regroupement des parcelles d'un même propriétaire
- ▢ **D** La mise en commun de terres de différents propriétaires pour rendre l'exploitation plus facile

Partie 4

SCIENCES ET TECHNIQUES

Sciences et techniques
Médecine

QCM 24

Pour toutes les questions, il y a une ou plusieurs réponses possibles.

1. À propos de la maladie à coronavirus (COVID-19), quelle affirmation est correcte ?

- ▢ **A** Il existe un traitement médical spécifique pour prévenir et traiter la maladie
- ▢ **B** La maladie est comparable à la grippe car elle est provoquée par le même virus
- ▢ **C** Il faut toujours utiliser un seul et même mouchoir en tissu lavable à la machine à 90 °C
- ▢ **D** Le virus se nomme ainsi car il a la forme d'une couronne lorsqu'on le regarde sous un microscope

2. Un antipyrétique est un médicament qui :

- ▢ **A** calme la toux
- ▢ **B** combat la fièvre
- ▢ **C** calme la douleur
- ▢ **D** détruit les micro-organismes

3. Le virus du sida se transmet par :

- ▢ **A** le sang
- ▢ **B** le lait maternel
- ▢ **C** le sperme
- ▢ **D** les sécrétions vaginales

4. À propos de la médecine :

- ▢ **A** Hippocrate a établi des règles d'observation des phénomènes pathologiques
- ▢ **B** Jean-Pierre Changeux est l'actuel président du Comité consultatif national d'éthique
- ▢ **C** Les grandes endémies du Moyen Âge ont été attribuées à la colère divine ou à la possession démoniaque
- ▢ **D** Claude Bernard a défini les règles de la recherche expérimentale en biologie

5. Qui a inventé le stéthoscope ?

- ▢ **A** René Laennec
- ▢ **B** Antoine Lavoisier
- ▢ **C** Helmut Newton
- ▢ **D** Blaise Pascal

Anatomie

QCM 25

Pour toutes les questions, il y a une ou plusieurs réponses possibles.

1. Combien d'os comporte notre squelette ?

- ▢ **A** 88
- ▢ **B** 125
- ▢ **C** 206
- ▢ **D** 312

2. Quel élément ne fait pas partie de l'os ?

- ▢ **A** Le périoste
- ▢ **B** L'épiphyse
- ▢ **C** Le collagène
- ▢ **D** La moelle épinière

3. Quel est l'organe dont le rôle est de transmettre la lumière captée au cerveau ?

- ▢ **A** La pupille
- ▢ **B** La rétine
- ▢ **C** Le nerf optique
- ▢ **D** Le cristallin

4. Quelle couche de la peau contient les terminaisons nerveuses de la douleur ?

- ▢ **A** Le derme
- ▢ **B** L'épiderme
- ▢ **C** L'hypoderme
- ▢ **D** Le mésoderme

5. Quel élément n'appartient pas au cerveau ?

- ▢ **A** Le thymus
- ▢ **B** Le corps calleux
- ▢ **C** Les hémisphères
- ▢ **D** Le thalamus

6. La coupe sagittale du corps est :

- ▢ **A** une coupe oblique
- ▢ **B** une coupe transversale
- ▢ **C** une coupe horizontale
- ▢ **D** une coupe verticale

Sciences et techniques
Physiologie

QCM 26

Pour toutes les questions, il y a une ou plusieurs réponses possibles.

1. L'hypophyse est une glande endocrine qui régule :
- ☐ **A** la production d'insuline
- ☐ **B** le taux de cholestérol
- ☐ **C** la production d'urine
- ☐ **D** les glandes génitales

2. Quelle est l'hormone, sécrétée par l'hypothalamus, qui permet la transformation de l'organisme à la puberté ?
- ☐ **A** L'aldostérone
- ☐ **B** Les gonadotrophines
- ☐ **C** L'insuline
- ☐ **D** La lulibérine

3. Que découvrit le physiologiste Yvan Pavlov ?
- ☐ **A** L'existence des bactéries
- ☐ **B** Les réflexes conditionnés
- ☐ **C** La génétique
- ☐ **D** La cellule eucaryote

4. Quelle hormone, permettant l'oxygénation des muscles, est utilisée pour se doper dans des sports d'endurance ?
- ☐ **A** L'insuline
- ☐ **B** Les stéroïdes
- ☐ **C** L'érythropoïétine
- ☐ **D** L'héroïne

5. Que sont les érythrocytes ?
- ☐ **A** Les globules blancs
- ☐ **B** Les plaquettes sanguines
- ☐ **C** Les globules rouges
- ☐ **D** Les hématies

6. Quelle est la principale différence entre veines et artères ?
- ☐ **A** Elles n'ont pas le même calibre
- ☐ **B** Les unes transportent de l'O_2 et les autres du CO_2
- ☐ **C** Les unes arrivent au cœur et les autres en partent
- ☐ **D** Elles ne sont pas de même longueur

Sciences et techniques
Sciences de la vie et de la Terre

QCM 27

Pour toutes les questions, il y a une ou plusieurs réponses possibles.

▸ Sciences de la vie

1. La séquence primaire de l'ADN est constituée d'un enchaînement :
- ▢ **A** d'acides nucléiques
- ▢ **B** d'acides aminés
- ▢ **C** d'acides gras
- ▢ **D** de carbohydrates
- ▢ **E** de phospholipides

2. Quelle partie du neurone peut mesurer jusqu'à un mètre ?
- ▢ **A** L'axone
- ▢ **B** Le corps
- ▢ **C** Les dendrites
- ▢ **D** Les terminaisons nerveuses

3. Quel élément ne fait pas partie de la cellule ?
- ▢ **A** Le noyau
- ▢ **B** Le cytoplasme
- ▢ **C** Le mésoderme
- ▢ **D** Les mitochondries

4. Les procaryotes sont des organismes :
- ▢ **A** hôtes
- ▢ **B** dépourvus de noyau
- ▢ **C** possédant plusieurs organites
- ▢ **D** unicellulaires

5. Les jumeaux homozygotes ou « vrais jumeaux » sont le résultat de l'union :
- ▢ **A** d'un ovule et d'un spermatozoïde
- ▢ **B** d'un ovule et de deux spermatozoïdes
- ▢ **C** de deux ovules et d'un spermatozoïde
- ▢ **D** de deux ovules, chacun uni à un spermatozoïde

6. Qui était Gregor Mendel ?
- ▢ **A** Un physiologiste
- ▢ **B** Un généticien
- ▢ **C** Un botaniste
- ▢ **D** Un anatomiste

▸ Sciences de la Terre

7. Comment appelle-t-on les régions externes qui entourent le noyau terrestre ?
- ▢ **A** La croûte
- ▢ **B** Le manteau
- ▢ **C** L'atmosphère
- ▢ **D** L'équateur

8. Qu'est-ce que la sismologie ?
- ▢ **A** L'étude des volcans
- ▢ **B** L'étude de la lave
- ▢ **C** L'étude des couches terrestres
- ▢ **D** L'étude des tremblements de terre

9. En géologie, comment appelle-t-on une vallée qui tranche perpendiculairement un mont ?
- ▢ **A** Un val
- ▢ **B** Une combe
- ▢ **C** Une cluse
- ▢ **D** Une cuesta

10. Quelle couche de notre atmosphère absorbe les UV ?
- ▢ **A** La couche d'air
- ▢ **B** La couche de carbone
- ▢ **C** La couche d'azote
- ▢ **D** La couche d'ozone

11. Qu'est-ce que le permafrost ?
- ▢ **A** Des neiges éternelles
- ▢ **B** Un sous-sol perpétuellement gelé
- ▢ **C** Une lagune
- ▢ **D** Des rejets de gaz

12. Un tsunami est :
- ▢ **A** un cyclone tropical
- ▢ **B** un tremblement de terre
- ▢ **C** un raz de marée
- ▢ **D** un séisme

▸ Faune

13. Quel animal est le vecteur de la rage ?
- ▢ **A** Le lapin
- ▢ **B** Le renard
- ▢ **C** Le cygne
- ▢ **D** Le loup

14. De quel animal la hase est-elle la femelle ?
- ▢ **A** Le renne
- ▢ **B** Le caribou
- ▢ **C** Le lièvre
- ▢ **D** L'élan

15. Dans la vie d'un papillon, comment appelle-t-on le stade intermédiaire entre la chenille et l'adulte ?

- ▢ **A** La larve
- ▢ **B** Le cocon
- ▢ **C** L'imago
- ▢ **D** La chrysalide

16. Quel animal possède la plus grande acuité visuelle ?

- ▢ **A** La chouette
- ▢ **B** Le chat
- ▢ **C** L'écrevisse
- ▢ **D** Le renard

17. Quel est le régime alimentaire du chien ?

- ▢ **A** Végétarien
- ▢ **B** Carnivore
- ▢ **C** Omnivore
- ▢ **D** Herbivore

18. Trouvez l'intrus.

- ▢ **A** Sole
- ▢ **B** Merlan
- ▢ **C** Baleine
- ▢ **D** Saumon

▸ Flore

19. La « guigne » est une variété de :

- ▢ **A** cerises
- ▢ **B** pommes
- ▢ **C** tomates
- ▢ **D** fraises

20. Cherchez l'intrus.

- ▢ **A** Mycose
- ▢ **B** Mycétologue
- ▢ **C** Myope
- ▢ **D** Pharyngomycose

21. Quelle proposition n'est pas une variété de poire ?

- ▢ **A** Conférence
- ▢ **B** Beurré Hardy
- ▢ **C** Passe-crassane
- ▢ **D** Royal gala

22. Lesquels de ces fruits sont des fruits tropicaux ?

- ▢ **A** La grenadille
- ▢ **B** Le ramboutan
- ▢ **C** La papaye
- ▢ **D** Le mangoustan

Sciences et techniques
Physique, chimie

QCM 28

Pour toutes les questions, il y a une ou plusieurs réponses possibles.

1. Le charbon et le diamant sont deux formes d'un même élément, lequel ?
- ▢ **A** Le carbone
- ▢ **B** Le quartz
- ▢ **C** Le graphite
- ▢ **D** La roche

2. Quelle est la vitesse du son dans l'atmosphère terrestre ?
- ▢ **A** 109 m/s
- ▢ **B** 331 m/s
- ▢ **C** 642 m/s
- ▢ **D** 895 m/s

3. Qu'a découvert Marie Curie ?
- ▢ **A** La radioactivité
- ▢ **B** La physique quantique
- ▢ **C** L'effet doppler
- ▢ **D** La relativité

4. À quel scientifique doit-on la célèbre formule « $E = mc^2$ » ?
- ▢ **A** Bernoulli
- ▢ **B** Nobel
- ▢ **C** Newton
- ▢ **D** Einstein

5. L'intensité électrique s'exprime en :
- ▢ **A** Ohm
- ▢ **B** Volt
- ▢ **C** Ampère
- ▢ **D** Watt

6. L'eau de Javel est composée de :
- ▢ **A** sodium
- ▢ **B** potassium
- ▢ **C** chlore
- ▢ **D** carbone
- ▢ **E** magnésium

Mathématiques

QCM 29

Pour toutes les questions, il y a une ou plusieurs réponses possibles.

1. Dans un triangle rectangle, le carré de l'hypoténuse est égal à la somme des carrés de deux autres côtés. De qui est ce théorème ?

- ▢ **A** Thalès
- ▢ **B** Aristote
- ▢ **C** Pythagore
- ▢ **D** Euclide

2. Un nombre premier est :

- ▢ **A** un entier relatif
- ▢ **B** un nombre uniquement divisible par 1 ou par lui-même
- ▢ **C** un nombre indivisible
- ▢ **D** un nombre se terminant par 1

3. Quelle est la somme des angles d'un triangle ?

- ▢ **A** 90°
- ▢ **B** 120°
- ▢ **C** 180°
- ▢ **D** 360°

4. Que vaut 1 dm^3 ?

- ▢ **A** 1 litre
- ▢ **B** 100 mL
- ▢ **C** 10 cL
- ▢ **D** 1 000 mL

5. L'une des aiguilles d'une horloge avance de 1/60e de degré par minute. De combien de degrés aura-t-elle avancé en une heure ?

- ▢ **A** 1 degré
- ▢ **B** 60 degrés
- ▢ **C** 180 degrés
- ▢ **D** 360 degrés

6. Un verre rempli d'eau pèse 18 g. Si le verre pèse deux fois plus que le liquide qu'il contient, combien pèse l'eau ?

- ▢ **A** Impossible à déterminer
- ▢ **B** 6 g
- ▢ **C** 9 g
- ▢ **D** 18 g

Sciences et techniques
Logique

QCM 30

Pour toutes les questions, il y a une ou plusieurs réponses possibles.

1. Dans la série, trouvez le nombre manquant :
Céleri 3 kg/Poireaux 5 kg/Poivrons 3 kg/Fraises … kg
- ☐ **A** 1
- ☐ **B** 2
- ☐ **C** 3
- ☐ **D** 4

2. Je suis un homme. Si le fils de Michel est le père de mon fils, quel est le lien de parenté entre Michel et moi ?
- ☐ **A** Michel est mon père
- ☐ **B** Michel est mon fils
- ☐ **C** Michel est mon frère

3. Le père de Marie s'appelle Robert et cet homme heureux a quatre filles prénommées Bibi, Mimi, Nini et…
- ☐ **A** Titi
- ☐ **B** Mumu
- ☐ **C** Marie
- ☐ **D** Fifi

4. Si GRANGE correspond à 6 1 2 9 6 4 alors GARAGE correspond à :
- ☐ **A** 6 2 1 5 6 4
- ☐ **B** 5 1 2 1 5 4
- ☐ **C** 6 2 1 2 6 4

5. Complétez la phrase suivante : « Odorat est à… ce que goût est à bouche. »
- ☐ **A** odeur
- ☐ **B** nez
- ☐ **C** sens
- ☐ **D** narine

6. Vous participez à une course et vous dépassez le deuxième, quelle est alors votre position ?
- ☐ **A** Premier
- ☐ **B** Deuxième
- ☐ **C** Troisième

Sciences et techniques
Astronomie

QCM 31

Pour toutes les questions, il y a une ou plusieurs réponses possibles.

1. Lesquelles de ces planètes appartiennent au système solaire ?
- ▢ **A** Mercure
- ▢ **B** Terre
- ▢ **C** Pluton
- ▢ **D** Vénus

2. Parmi les années mentionnées, lesquelles sont bissextiles :
- ▢ **A** 2000
- ▢ **B** 1922
- ▢ **C** 1700
- ▢ **D** 1936

3. Laquelle de ces planètes n'est pas une planète tellurique, possédant une croûte solide et rocheuse ?
- ▢ **A** Vénus
- ▢ **B** Mercure
- ▢ **C** Jupiter
- ▢ **D** Mars

4. Quelle planète est appelée l'« étoile du Berger » ?
- ▢ **A** Orion
- ▢ **B** Vénus
- ▢ **C** Jupiter
- ▢ **D** Mercure

5. Dans quelle discipline s'illustre Hubert Reeves ?
- ▢ **A** Physique
- ▢ **B** Astronomie
- ▢ **C** Chimie
- ▢ **D** Astrophysique

6. « Petit corps rocheux ou métallique, de forme généralement irrégulière, qui gravite autour du Soleil. » Cette définition est celle :
- ▢ **A** de la comète
- ▢ **B** de l'astre
- ▢ **C** de l'astéroïde
- ▢ **D** du satellite

Sciences et techniques

Environnement et énergie

QCM 32

Pour toutes les questions, il y a une ou plusieurs réponses possibles.

1. Le premier sommet de la Terre a eu lieu en 1972 à :
- ▢ **A** Davos
- ▢ **B** Rio
- ▢ **C** Stockholm
- ▢ **D** Johannesburg

2. L'écologie a été inventée en 1866 par le biologiste allemand :
- ▢ **A** Charles Darwin
- ▢ **B** Ernst Haeckel
- ▢ **C** Alfred Wallace
- ▢ **D** Alexander von Humboldt

3. La loi LAURE ou « loi Lepage » concerne :
- ▢ **A** l'eau
- ▢ **B** l'air
- ▢ **C** le bruit
- ▢ **D** le feu

4. Quels sont les gaz à effet de serre ?
- ▢ **A** Le gaz carbonique
- ▢ **B** La vapeur d'eau
- ▢ **C** L'ozone
- ▢ **D** L'azote

5. Qu'est-ce que le plan Polmar ?
- ▢ **A** Un projet de loi sur les énergies renouvelables
- ▢ **B** Des mesures d'urgence de lutte contre la pollution
- ▢ **C** Un plan anti-tsunami
- ▢ **D** Un dispositif de protection contre une éventuelle crue de la Seine

6. L'Europe est désormais très divisée sur le nucléaire. À contre-courant des autres pays européens, un pays n'envisage pas de réduire son parc nucléaire. Il s'agit de :
- ▢ **A** La Belgique
- ▢ **B** L'Allemagne
- ▢ **C** La Suède
- ▢ **D** La France

Partie 5

SCIENCES HUMAINES ET SOCIALES, SPORTS

Sciences humaines et sociales, sports

Économie

QCM 33

Pour toutes les questions, il y a une ou plusieurs réponses possibles.

1. Que signifie le terme « globalisation » ?
- ☐ **A** Mondialisation
- ☐ **B** Structuralisme
- ☐ **C** Syndicalisme
- ☐ **D** Capitalisme

2. Qu'est-ce que l'IFI ?
- ☐ **A** Institut de finances internationales
- ☐ **B** Impôt français pour l'industrie
- ☐ **C** Impôt sur la fortune immobilière
- ☐ **D** Institut de formation initiale

3. Le CAC 40 est :
- ☐ **A** un groupe d'industriels européens
- ☐ **B** un groupement de 40 pays industrialisés
- ☐ **C** un indice boursier
- ☐ **D** un acronyme signifiant « Commissaire aux comptes »

4. Quel mois est tombé le fameux « jeudi noir » (« *black Thursday* »), en 1929 ?
- ☐ **A** Septembre
- ☐ **B** Octobre
- ☐ **C** Novembre
- ☐ **D** Décembre

5. Parmi les taux de TVA suivants, lequel n'existe pas ?
- ☐ **A** 5,5 %
- ☐ **B** 10 %
- ☐ **C** 15 %
- ☐ **D** 20 %

6. En économie, le secteur secondaire désigne un ensemble d'activités économiques :
- ☐ **A** sans importance vitale pour l'économie
- ☐ **B** proposant uniquement des services
- ☐ **C** de transformation de matières premières
- ☐ **D** peu enrichissant

Philosophie

QCM 34

Pour toutes les questions, il y a une ou plusieurs réponses possibles.

1. Qui a fait de la proposition « Je pense, donc je suis » un principe de la philosophie ?

☐ **A** Georg Hegel
☐ **B** René Descartes
☐ **C** Blaise Pascal
☐ **D** Gottfried Leibniz

2. La philosophie existentialiste a marqué le roman et le théâtre des années d'après-guerre. Jean-Paul Sartre en a assuré une large diffusion. Parmi les titres suivants, lequel ne fait pas partie de son œuvre ?

☐ **A** *La Nausée*
☐ **B** *La Peste*
☐ **C** *Les Mains sales*
☐ **D** *Huis-clos*

3. Parmi ces philosophes, lequel ou lesquels appartiennent au siècle des Lumières ?

☐ **A** Voltaire
☐ **B** Charles de Montesquieu
☐ **C** Jean-Jacques Rousseau
☐ **D** Jean-Paul Sartre
☐ **E** Albert Camus

4. Quelle est la doctrine philosophique dont le système repose sur la suspension du jugement ?

☐ **A** Le sophisme
☐ **B** Le scepticisme
☐ **C** L'hédonisme
☐ **D** L'épicurisme

5. Quel est le philosophe grec qui n'a jamais rien écrit ?

☐ **A** Socrate
☐ **B** Platon
☐ **C** Aristote
☐ **D** Euclide

6. Quel roman est une initiation à la philosophie ?

☐ **A** *Les Lettres persanes*
☐ **B** *La Gloire de l'Empire*
☐ **C** *Vendredi ou les Limbes du Pacifique*
☐ **D** *Le Monde de Sophie*

Sciences humaines et sociales, sports
Sociologie

QCM 35

Pour toutes les questions, il y a une ou plusieurs réponses possibles.

1. Pierre Bourdieu était :
- ▢ **A** un médecin humanitaire
- ▢ **B** un écrivain
- ▢ **C** un philosophe
- ▢ **D** un sociologue

2. Quel est l'intrus ?
- ▢ **A** *Le Suicide*
- ▢ **B** *De la division du travail social*
- ▢ **C** *L'Année sociologique*
- ▢ **D** *La Domination masculine*

3. Auguste Comte est le père :
- ▢ **A** du relativisme
- ▢ **B** du positivisme
- ▢ **C** de l'empirisme
- ▢ **D** de l'agnosticisme

4. La sociologie trouve son origine dans :
- ▢ **A** la métaphysique
- ▢ **B** la philosophie
- ▢ **C** la psychologie
- ▢ **D** la physiologie

5. *Essai sur le principe de population* est un ouvrage de :
- ▢ **A** T. R. Malthus
- ▢ **B** A. Comte
- ▢ **C** N. Machiavel
- ▢ **D** C. A. Tocqueville

6. Les deux grands fondateurs de la sociologie sont :
- ▢ **A** Max Weber
- ▢ **B** Karl Marx
- ▢ **C** Marcel Mauss
- ▢ **D** Émile Durkheim

Psychologie

QCM 36

Pour toutes les questions, il y a une ou plusieurs réponses possibles.

1. Né en Autriche en 1856, il entame ses études de médecine à Vienne en 1873 puis un stage à Paris dans le service du neurologue Charcot. Il s'agit de :
- ▢ **A** Joseph Breuer
- ▢ **B** Sigmund Freud
- ▢ **C** Hermann Rorschach
- ▢ **D** Donald Winnicott

2. Qu'est-ce que la « triangularité » ?
- ▢ **A** Interaction mère – père – enfant
- ▢ **B** Union de trois pays européens
- ▢ **C** Cellules humaines possédant des éléments génétiques provenant de trois personnes
- ▢ **D** Partage d'une surface en triangles

3. Boris Cyrulnik est un :
- ▢ **A** psychopathe
- ▢ **B** éthologue
- ▢ **C** psychologue
- ▢ **D** neuropsychiatre

4. À propos de Françoise Dolto :
- ▢ **A** elle fut pionnière de la psychanalyse des enfants en France
- ▢ **B** elle fit son analyse avec Jacques Lacan
- ▢ **C** elle a écrit *Le Complexe du homard*
- ▢ **D** avec Lacan, elle fonda l'École freudienne de Paris

5. Un enfant ayant un développement normal commence à employer le mot « je » autour de quel âge ?
- ▢ **A** Premier anniversaire
- ▢ **B** Troisième anniversaire
- ▢ **C** Cinquième anniversaire
- ▢ **D** Sixième anniversaire

6. Quel est l'intrus ?
- ▢ **A** Stade anal
- ▢ **B** Stade œdipien
- ▢ **C** Stade phallique
- ▢ **D** Stade oral

Sciences humaines et sociales, sports
Droit

QCM 37

Pour toutes les questions, il y a une ou plusieurs réponses possibles.

1. Sous quel nom connaît-on aujourd'hui le Code Napoléon ?
- ▢ **A** Le Code civil
- ▢ **B** Le Code pénal
- ▢ **C** Le Code général des impôts
- ▢ **D** Le Code de commerce

2. Un assesseur est :
- ▢ **A** un avocat
- ▢ **B** un officier de justice
- ▢ **C** un greffier
- ▢ **D** un juré

3. À quelle date a-t-on adopté la *Déclaration des droits de l'homme et du citoyen* ?
- ▢ **A** 1789
- ▢ **B** 1804
- ▢ **C** 1779
- ▢ **D** 1848

4. Le droit public ne comprend pas :
- ▢ **A** le droit administratif
- ▢ **B** le droit civil
- ▢ **C** le droit constitutionnel
- ▢ **D** les finances publiques

5. Une de ces autorités ne participe pas à la nomination des membres du Conseil constitutionnel. Laquelle ?
- ▢ **A** Le président de la République
- ▢ **B** Le président du Sénat
- ▢ **C** Le Premier ministre
- ▢ **D** Le président de l'Assemblée nationale

6. Qui prononce le réquisitoire ?
- ▢ **A** L'avocat des victimes
- ▢ **B** Le ministère public
- ▢ **C** Le président du tribunal
- ▢ **D** L'avocat de la défense

Social

QCM 38

Pour toutes les questions, il y a une ou plusieurs réponses possibles.

1. En 1981, dès son élection présidentielle, François Mitterrand fait abolir :
- ▢ **A** l'esclavage
- ▢ **B** de nombreux privilèges
- ▢ **C** la peine de mort
- ▢ **D** la loi de 1905

2. De quand datent les congés payés en France ?
- ▢ **A** 1920
- ▢ **B** 1936
- ▢ **C** 1948
- ▢ **D** 1962

3. Que prévoit la loi du 11 févier 2005 relative aux personnes handicapées ?
- ▢ **A** La création de 1 500 institutions pour personnes handicapées
- ▢ **B** Une cellule d'écoute psychologique au sein de chaque établissement scolaire
- ▢ **C** L'inscription des jeunes handicapés dans l'école la plus proche de leur domicile
- ▢ **D** La prise en charge de l'intégralité des frais inhérents au handicap

4. Qu'est ce que le SAMU social ?
- ▢ **A** Une unité d'urgence sociale
- ▢ **B** Les premiers soins apportés aux familles en difficulté
- ▢ **C** Un service mobile d'intervention d'urgence sociale
- ▢ **D** Un établissement d'hébergement pour sans domicile fixe

5. Qu'est-ce que la RTT ?
- ▢ **A** Réaménagement du temps de travail
- ▢ **B** Réévaluation du temps travaillé
- ▢ **C** Remise sur les taxes temporaires
- ▢ **D** Réduction du temps de travail

6. En quelle année a été créé le régime de la Sécurité sociale ?
- ▢ **A** 1945
- ▢ **B** 1948
- ▢ **C** 1956
- ▢ **D** 1967

Sciences humaines et sociales, sports

Médias et communication

QCM 39

Pour toutes les questions, il y a une ou plusieurs réponses possibles.

1. Quelle est la plus vieille émission de télévision française encore à l'antenne ?
- ▢ **A** *Thalassa*
- ▢ **B** *Vivement dimanche*
- ▢ **C** *Le jour du seigneur*
- ▢ **D** *Plus belle la vie*

2. En quelle année est apparue la télévision en couleur en France ?
- ▢ **A** 1957
- ▢ **B** 1967
- ▢ **C** 1977
- ▢ **D** 1987

3. Qu'est-ce que le CSA ?
- ▢ **A** Comité des sociétés de l'audiovisuel
- ▢ **B** Commission spécial de la haute autorité
- ▢ **C** Conseil supérieur de l'audiovisuel

4. Où se trouve le siège de la chaîne américaine CNN ?
- ▢ **A** New-York
- ▢ **B** Atlanta
- ▢ **C** Chicago
- ▢ **D** Los Angeles

5. L'acronyme TNT signifie :
- ▢ **A** télévision numérique transversale
- ▢ **B** technical numerical transmission
- ▢ **C** télévision numérique terrestre
- ▢ **D** technologic numerical television

6. En édition de presse, comment s'appelle l'encadré obligatoire mentionnant les nom et adresse de l'éditeur et de l'imprimeur, ainsi que le nom des collaborateurs ayant participé à la fabrication du journal ?
- ▢ **A** Le canard
- ▢ **B** Le chien
- ▢ **C** Le lion
- ▢ **D** L'ours

7. Que signifie « www » dans les URL des sites Internet ?

- ▢ **A** Write Works and Word
- ▢ **B** Web With Windows
- ▢ **C** World Wildife Web
- ▢ **D** World Wide Web

8. Que signifie PC ?

- ▢ **A** Personal Computer
- ▢ **B** Pentium Compatible
- ▢ **C** Périphérique Computer
- ▢ **D** Portable Computer

9. Quelle est l'unité d'information fondamentale en informatique ?

- ▢ **A** Le binaire
- ▢ **B** L'octet
- ▢ **C** Le bit
- ▢ **D** Le CSS

10. Quel est l'équivalent français de « software » ?

- ▢ **A** Sauvegarde
- ▢ **B** Logiciel
- ▢ **C** Serveur
- ▢ **D** Fichier

11. Qu'est-ce qu'un « hacker » ?

- ▢ **A** Un passionné d'informatique
- ▢ **B** Un novice en informatique
- ▢ **C** Un pirate informatique
- ▢ **D** Une personne qui détourne des fichiers informatiques à des fins criminelles

12. Internet devient public en :

- ▢ **A** 1969
- ▢ **B** 1984
- ▢ **C** 1975
- ▢ **D** 1991

13. Quel moteur de recherche n'enregistre pas les données personnelles ?

- ▢ **A** Google
- ▢ **B** Bing
- ▢ **C** Qwant
- ▢ **D** Yandex

Sciences humaines et sociales, sports
Sports

QCM 40

Pour toutes les questions, il y a une ou plusieurs réponses possibles.

1. Au tennis, deux sœurs se sont régulièrement disputé les premières places mondiales. Ce sont les sœurs :
- ▢ **A** Higgins
- ▢ **B** Williams
- ▢ **C** Sampras
- ▢ **D** Johns

2. Quelle discipline nécessite le port de gants d'environ 200 grammes et d'une coquille ?
- ▢ **A** Karaté
- ▢ **B** Sumo
- ▢ **C** Base-ball
- ▢ **D** Boxe

3. Quelle est la longueur d'un marathon ?
- ▢ **A** 35,412 km
- ▢ **B** 38,230 km
- ▢ **C** 42,195 km
- ▢ **D** 50,018 km

4. Dans quel sport utilise-t-on le terme « albatros » ?
- ▢ **A** Golf
- ▢ **B** Tennis
- ▢ **C** Athlétisme
- ▢ **D** Hockey

5. Quel est le nom de la course de voile autour du monde imaginée par Bruno Peyron ?
- ▢ **A** La Course
- ▢ **B** The Race
- ▢ **C** Le Vendée Globe
- ▢ **D** L'Océane

6. Quel est le fondateur des Jeux olympiques modernes ?
- ▢ **A** Pierre de Coubertin
- ▢ **B** Juan-Antonio Samaranch
- ▢ **C** Jean-Claude Killy
- ▢ **D** Henri Didon

Jeux

QCM 41

Pour toutes les questions, il y a une ou plusieurs réponses possibles.

1. Quel jeu a eu pour grands maîtres Karpov et Kasparov ?
- ▢ **A** Le backgammon
- ▢ **B** Les dames
- ▢ **C** Les échecs
- ▢ **D** Le poker

2. Né dans les cours princières d'Italie du Nord au XVe siècle, ce jeu de cartes sert à la divination. Il se joue avec un jeu spécial de 78 cartes. De quel jeu s'agit-il ?
- ▢ **A** Le bridge
- ▢ **B** Le tarot
- ▢ **C** Le canasta
- ▢ **D** Le poker

3. Quel jeu comporte 28 pièces, chacune divisée en deux et portant des combinaisons de points de 0 à 6 ?
- ▢ **A** Le jeu de l'oie
- ▢ **B** Les échecs
- ▢ **C** Le domino
- ▢ **D** Le mikado

4. Au poker, quelle est la combinaison de cartes la plus forte ?
- ▢ **A** Le flush royal
- ▢ **B** Le full
- ▢ **C** Le carré
- ▢ **D** La couleur

5. Quel est le jeu, inventé en 1929 par Charles Darrow, qui existe en 26 langues dans plus de 40 pays ?
- ▢ **A** Le trivial pursuit
- ▢ **B** Le monopoly
- ▢ **C** Le jeu de l'oie
- ▢ **D** Le cluedo

6. Quel est le prénom du premier personnage créé pour un jeu vidéo ?
- ▢ **A** Pepito
- ▢ **B** Mario
- ▢ **C** Pac-man
- ▢ **D** Sonic

Partie 6

ENTRAÎNEMENT INTENSIF

Entraînement intensif
Série 1

QCM 42

Pour toutes les questions, il y a une ou plusieurs réponses possibles.

1. L'aviateur et écrivain français qui a écrit *Le Petit Prince* (1943) est :
- ▢ **A** Clément Ader
- ▢ **B** Jean Mermoz
- ▢ **C** Antoine de Saint-Exupéry
- ▢ **D** Louis Blériot

2. La latitude est la distance exprimée :
- ▢ **A** en degrés d'un point au tropique du Capricorne
- ▢ **B** en degrés d'un point au méridien de Greenwich
- ▢ **C** en degrés d'un point à l'équateur
- ▢ **D** en degrés d'un point au pôle nord

3. Le 11 mai 1960 a eu lieu :
- ▢ **A** le lancement du paquebot France
- ▢ **B** le premier vol du Concorde
- ▢ **C** l'inauguration de la Grande Arche de la Défense
- ▢ **D** la signature du traité de Rome

4. Une éphéméride permet :
- ▢ **A** d'organiser son emploi du temps
- ▢ **B** de classer des dossiers volumineux
- ▢ **C** de rédiger des lettres complexes
- ▢ **D** de réparer un photocopieur

5. En France, les femmes ont obtenu le droit de vote et d'éligibilité en :
- ▢ **A** 1924
- ▢ **B** 1944
- ▢ **C** 1958
- ▢ **D** 1968

6. Le « septième art » désigne :
- ▢ **A** le théâtre
- ▢ **B** le cinéma
- ▢ **C** l'opéra
- ▢ **D** la comédie musicale

7. Jean-Baptiste Poquelin est le véritable nom de :
- ▢ **A** Corneille
- ▢ **B** Molière
- ▢ **C** Racine
- ▢ **D** Montesquieu

8. Qui était surnommé le « lion du Panshir » en Afghanistan ?
- ▢ **A** Gulbuddin Hekmatyar, chef pachtoun
- ▢ **B** Le commandant Ahmed Shah Massoud
- ▢ **C** Oussama Ben Laden
- ▢ **D** Rashid Dostom, général ouzbèke

9. Le prix Médicis est un prix :
- ▢ **A** scientifique
- ▢ **B** littéraire
- ▢ **C** cinématographique
- ▢ **D** théâtral

10. En France, le mandat d'un conseiller municipal est de :
- ▢ **A** 4 ans
- ▢ **B** 5 ans
- ▢ **C** 6 ans
- ▢ **D** 7 ans

11. L'homme politique français qui mit fin à la guerre d'Indochine fut :
- ▢ **A** Michel Debré
- ▢ **B** François Mitterrand
- ▢ **C** Pierre Mendès France
- ▢ **D** Félix Faure

12. Le 28 avril 1969 le général de Gaulle cessa d'exercer ses fonctions de président de la République. Alain Poher, qui assuma l'intérim de la présidence, était :
- ▢ **A** Premier ministre
- ▢ **B** président du Sénat
- ▢ **C** président de l'Assemblée Nationale
- ▢ **D** ministre de l'Intérieur

13. L'endroit où deux cours d'eau se rejoignent se nomme :
- ▢ **A** un confluent
- ▢ **B** un affluent
- ▢ **C** un méandre
- ▢ **D** un estuaire

14. En 1963, le général de Gaulle refuse l'entrée du Marché commun à :
- ▢ **A** l'Allemagne
- ▢ **B** la Grande-Bretagne
- ▢ **C** l'Italie
- ▢ **D** l'Espagne

15. Depuis 1934, la Perse est appelée :
- ▢ **A** Iran
- ▢ **B** Irak
- ▢ **C** Turquie
- ▢ **D** Arabie Saoudite

16. Le minerai dont on extrait l'aluminium s'appelle :
- ▢ **A** le quartz
- ▢ **B** la bauxite
- ▢ **C** la galène
- ▢ **D** la limonite

17. La formule chimique de l'eau est :
- ▢ **A** HO_2
- ▢ **B** H_2O
- ▢ **C** HO
- ▢ **D** H_2O_2

18. L'humérus est un os long :
- ▢ **A** du bras
- ▢ **B** de l'avant-bras
- ▢ **C** de la jambe
- ▢ **D** de la cuisse

19. Quelle institution a son siège à Francfort ?
- ▢ **A** le Parlement européen
- ▢ **B** la Cour européenne de justice
- ▢ **C** la Banque centrale européenne
- ▢ **D** le Conseil de l'Europe

20. Le premier centre français de construction navale civile est :
- ▢ **A** Rouen
- ▢ **B** Dunkerque
- ▢ **C** Saint-Nazaire
- ▢ **D** Le Havre

21. Une terre en jachère est :
- ▢ **A** une terre sur laquelle se succèdent plusieurs cultures
- ▢ **B** une terre plantée de pieds de vigne
- ▢ **C** une terre plantée d'oliviers
- ▢ **D** une terre arable laissée au repos

22. Le pouvoir, sous conditions, de légiférer par ordonnance est de la compétence :
- ▢ **A** du président de la République
- ▢ **B** du Conseil constitutionnel
- ▢ **C** du Gouvernement
- ▢ **D** du Conseil d'État

23. L'usine de retraitement des déchets nucléaires irradiés se situe à :
- ▢ **A** Marcoule
- ▢ **B** La Hague
- ▢ **C** Tricastin
- ▢ **D** Pierrelatte

24. **Le complexe industriel et scientifique de Sophia-Antipolis, créé en 1969, se trouve près de :**
- ▢ **A** Grenoble
- ▢ **B** Montpellier
- ▢ **C** Nice
- ▢ **D** Toulouse

25. **Quel est le sens étymologique du mot « autodafé » ?**
- ▢ **A** Action des fées
- ▢ **B** Ce qui est fait
- ▢ **C** Acte de foi
- ▢ **D** Action juste

26. **Comment s'appellent les habitants de Lille ?**
- ▢ **A** Les Lilliens
- ▢ **B** Les Lillais
- ▢ **C** Les Lillois
- ▢ **D** Les Lilliets

27. **De ces verbes, lequel est du troisième groupe ?**
- ▢ **A** Finir
- ▢ **B** Fournir
- ▢ **C** Courir
- ▢ **D** Polir

28. **Quelle est la bonne orthographe ?**
- ▢ **A** un parallélogramme
- ▢ **B** un paraléllogramme
- ▢ **C** un parralélogramme
- ▢ **D** un paralélograme

29. **Victor Hugo est un écrivain du :**
- ▢ **A** XVIIe siècle
- ▢ **B** XVIIIe siècle
- ▢ **C** XIXe siècle
- ▢ **D** XXe siècle

30. ***Vexations*** **d'Erik Satie (1866-1925) est une des œuvres musicales les plus longues. Elle dure :**
- ▢ **A** 3 h 40
- ▢ **B** 5 h 10
- ▢ **C** 10 h 20
- ▢ **D** 18 h 40

Entraînement intensif
Série 2

QCM 43

Pour toutes les questions, il y a une ou plusieurs réponses possibles.

1. Les lois et décrets paraissent au :
- ▢ **A** Bulletin officiel
- ▢ **B** Journal officiel
- ▢ **C** Recueil des lois et règlements
- ▢ **D** Journal *Le Monde*

2. *La Princesse de Clèves* est une œuvre de :
- ▢ **A** Madame de Sévigné
- ▢ **B** Madame de La Fayette
- ▢ **C** La comtesse de Ségur
- ▢ **D** Madame de Staël

3. Dans cette série de verbes, trouvez l'intrus :
- ▢ **A** conseiller
- ▢ **B** présumer
- ▢ **C** administrer
- ▢ **D** diriger

4. En 2022, qui est le président du Sénat ?
- ▢ **A** Gérard Larcher
- ▢ **B** Jean-Louis Debré
- ▢ **C** Valéry Giscard d'Estaing
- ▢ **D** Jacques Chirac

5. Le service national depuis 1997 est :
- ▢ **A** suspendu
- ▢ **B** supprimé
- ▢ **C** ajourné
- ▢ **D** différé

6. Un de ces secteurs n'appartient pas à la fonction publique :
- ▢ **A** l'État
- ▢ **B** le secteur territorial
- ▢ **C** le secteur hospitalier
- ▢ **D** le secteur électif

7. De quel château français Hergé s'est-il inspiré pour créer le château de Moulinsart ?

- ▢ **A** Le château de Talcy
- ▢ **B** Le château de Cheverny
- ▢ **C** Le château de Chenonceau
- ▢ **D** Le château d'Azay-le-Rideau

8. Le proviseur d'un lycée est nommé par :

- ▢ **A** le ministre de l'Éducation nationale
- ▢ **B** le recteur
- ▢ **C** l'inspecteur d'académie
- ▢ **D** le préfet

9. Le département d'outre-mer le plus peuplé est :

- ▢ **A** la Guadeloupe
- ▢ **B** la Martinique
- ▢ **C** la Guyane
- ▢ **D** la Réunion

10. Les expressions « a priori » et « a posteriori » sont :

- ▢ **A** des synonymes
- ▢ **B** des homonymes
- ▢ **C** des paronymes
- ▢ **D** des antonymes

11. Quelle ville organisera les Jeux olympiques en 2024 ?

- ▢ **A** Sotchi
- ▢ **B** Rio de Janeiro
- ▢ **C** Istanbul
- ▢ **D** Paris

12. Combien de pays l'Union européenne compte-t-elle en 2022 ?

- ▢ **A** 5
- ▢ **B** 10
- ▢ **C** 15
- ▢ **D** 27

13. En quelle année le droit de vote à 18 ans a-t-il été instauré en France ?

- ▢ **A** 1958
- ▢ **B** 1974
- ▢ **C** 1981
- ▢ **D** 1992

14. La bataille de Marignan en 1515 a eu lieu :

- ▢ **A** en France
- ▢ **B** en Suisse
- ▢ **C** en Italie
- ▢ **D** en Allemagne

15. Richelieu est le principal ministre de :

- ▢ **A** Henri III
- ▢ **B** Henri IV
- ▢ **C** Louis XIII
- ▢ **D** Louis XIV

16. Un de ces philosophes n'appartient pas au siècle des Lumières :

- ▢ **A** Pascal
- ▢ **B** Diderot
- ▢ **C** Voltaire
- ▢ **D** Rousseau

17. L'auteur de *Madame Bovary* est :

- ▢ **A** Honoré de Balzac
- ▢ **B** Victor Hugo
- ▢ **C** Gustave Flaubert
- ▢ **D** Émile Zola

18. André Malraux a écrit :

- ▢ **A** *L'Adieu aux armes*
- ▢ **B** *L'Espoir*
- ▢ **C** *Les Faux Monnayeurs*
- ▢ **D** *Le Silence de la mer*

19. Le roi fondateur de la monarchie française est :

- ▢ **A** Dagobert
- ▢ **B** Charlemagne
- ▢ **C** Clovis le Grand
- ▢ **D** Hugues Capet

20. Le fleuve le plus long du monde est :

- ▢ **A** le Nil
- ▢ **B** le Congo
- ▢ **C** le Mékong
- ▢ **D** l'Amazone

21. Le fleuve le plus long de France est :

- ▢ **A** la Loire
- ▢ **B** le Rhin
- ▢ **C** le Rhône
- ▢ **D** la Seine

22. L'agglomération la plus peuplée du monde est :

- ▢ **A** Tokyo
- ▢ **B** Mexico
- ▢ **C** New York
- ▢ **D** Shanghai

23. Quel mollusque bivalve comestible peut être « plate » ou « portugaise » ?
- ▢ **A** La palourde
- ▢ **B** La crevette
- ▢ **C** La moule
- ▢ **D** L'huître

24. Le plus ancien ancêtre de l'homme a été découvert en :
- ▢ **A** Afrique
- ▢ **B** Amérique
- ▢ **C** Asie
- ▢ **D** Australie

25. La quantité de sang contenue dans le corps humain est d'environ :
- ▢ **A** 5 litres
- ▢ **B** 10 litres
- ▢ **C** 15 litres
- ▢ **D** 20 litres

26. La pile électrique a été inventée par :
- ▢ **A** Coulomb
- ▢ **B** Mazda
- ▢ **C** Ampère
- ▢ **D** Volta

27. Une cellule humaine qui contient 23 chromosomes, dont un chromosome Y est :
- ▢ **A** une cellule musculaire
- ▢ **B** un ovule
- ▢ **C** une cellule nerveuse
- ▢ **D** un spermatozoïde

28. L'inventeur du moteur Diesel est :
- ▢ **A** français
- ▢ **B** allemand
- ▢ **C** anglais
- ▢ **D** italien

29. Marconi est un des inventeurs :
- ▢ **A** du radar
- ▢ **B** de la radio
- ▢ **C** du téléphone
- ▢ **D** de la télévision

30. Le code génétique humain est contenu dans :
- ▢ **A** l'APN
- ▢ **B** l'ADN
- ▢ **C** l'AND
- ▢ **D** le DNA

Entraînement intensif
Série 3

QCM 44

Pour toutes les questions, il y a une ou plusieurs réponses possibles.

1. Le siège de l'Organisation mondiale de la santé (OMS) est à :
- ▢ **A** Luxembourg
- ▢ **B** Bruxelles
- ▢ **C** Genève
- ▢ **D** New York

2. La pape François était évêque de :
- ▢ **A** Rio de Janeiro
- ▢ **B** Buenos Aires
- ▢ **C** Lima
- ▢ **D** Santa Fé

3. Quel est le nombre de députés en France ?
- ▢ **A** 175
- ▢ **B** 321
- ▢ **C** 462
- ▢ **D** 577

4. Quelle île abrite les derniers lémuriens de la planète ?
- ▢ **A** Madère
- ▢ **B** Les Açores
- ▢ **C** Madagascar
- ▢ **D** Les Seychelles

5. Qui a dit : « La nature a fait la pénicilline, je l'ai seulement découverte » ?
- ▢ **A** Pasteur
- ▢ **B** Jenner
- ▢ **C** Koch
- ▢ **D** Fleming

6. La fusée Soyouz a embarqué un passager inhabituel.
- ▢ **A** Le président de la Russie
- ▢ **B** Un touriste de l'espace
- ▢ **C** Un animal cloné
- ▢ **D** Un astronaute clandestin

7. Qu'est-ce qu'un synode ?
- ▢ **A** Une assemblée de jeunes chrétiens
- ▢ **B** Une chapelle
- ▢ **C** Un chœur religieux
- ▢ **D** Une assemblée d'ecclésiastiques d'un diocèse

8. Quelle fut la région la plus touchée par l'ouragan Katrina en 2005 ?
- ▢ **A** La Californie
- ▢ **B** La Louisiane
- ▢ **C** Le Texas
- ▢ **D** L'Alabama

9. Quel est le plus grand des primates ?
- ▢ **A** Le macaque
- ▢ **B** Le gorille
- ▢ **C** Le magot
- ▢ **D** L'orang-outan

10. La force de Coriolis est :
- ▢ **A** une nouvelle force due à l'effet de serre
- ▢ **B** le nom donné au plus puissant des cyclones
- ▢ **C** le nom scientifique du tsunami
- ▢ **D** une force due à la rotation de la Terre

11. En quelle année ont été fondés Les Restos du cœur ?
- ▢ **A** 1981
- ▢ **B** 1985
- ▢ **C** 1990
- ▢ **D** 1995

12. Quelle femme est l'épouse du héros troyen Hector ?
- ▢ **A** Andromaque
- ▢ **B** Hélène
- ▢ **C** Pénélope
- ▢ **D** Circé

13. Le Likoud est le nom :
- ▢ **A** d'un parti politique israélien
- ▢ **B** de l'ancien parti de Saddam Hussein
- ▢ **C** de l'armée israélienne
- ▢ **D** de l'armée palestinienne

14. En 2008, un Français a reçu le prix Nobel de :
- ▢ **A** physique
- ▢ **B** médecine
- ▢ **C** littérature
- ▢ **D** chimie

15. En l'état actuel des connaissances, quels mammifères seraient porteurs du virus de la grippe aviaire ?
- ▢ **A** Les moutons
- ▢ **B** Les bœufs
- ▢ **C** Les poulets
- ▢ **D** L'homme

16. Trouvez l'intrus.
- ☐ **A** Paul-Émile Victor
- ☐ **B** Vasco de Gama
- ☐ **C** James Cook
- ☐ **D** Léonard de Vinci

17. *Fahrenheit 9/11* est un film de :
- ☐ **A** Martin Scorsese
- ☐ **B** Michael Moore
- ☐ **C** Quentin Tarantino
- ☐ **D** Oliver Stone

18. Qui a institué la légion d'honneur ?
- ☐ **A** Le général de Gaulle
- ☐ **B** Napoléon Bonaparte
- ☐ **C** Napoléon III
- ☐ **D** Louis XVI

19. *Les Parapluies de Cherbourg* est une comédie musicale de :
- ☐ **A** Michel Legrand
- ☐ **B** Philippe de Broca
- ☐ **C** Jacques Demy
- ☐ **D** Michel Audiard

20. Combien de temps la lumière du Soleil met-elle approximativement pour parvenir jusqu'à la Terre (distante de 150 millions de km) ?
- ☐ **A** 1 minute
- ☐ **B** 8 minutes
- ☐ **C** 1 heure
- ☐ **D** 2 jours

21. Le plus ancien détenu de France a été libéré au bout de 41 ans d'emprisonnement. Quel est son nom ?
- ☐ **A** Maurice Papon
- ☐ **B** Lucien Léger
- ☐ **C** Émile Louis
- ☐ **D** Guillaume Seznec

22. Le pape Joseph Ratzinger se nomme :
- ☐ **A** Benoît VII
- ☐ **B** Benoît XV
- ☐ **C** Benoît XVI
- ☐ **D** Benoît XVIII

23. Quelle est la région de métropole qui n'a pas été concernée par la réforme territoriale de 2013 ?
- ☐ **A** La Normandie
- ☐ **B** Provence-Alpes-Côte-d'Azur
- ☐ **C** Rhône-Alpes
- ☐ **D** L'Aquitaine

24. Le piton de la Fournaise se trouve :
- ▢ **A** à la Guadeloupe
- ▢ **B** à la Martinique
- ▢ **C** à la Réunion
- ▢ **D** aux Comores

25. Le traité de Maastricht :
- ▢ **A** crée l'Union européenne
- ▢ **B** exclut le Danemark de la CEE
- ▢ **C** crée une force militaire en Europe
- ▢ **D** marque la mise en place de l'euro

26. L'espace Schengen est né en :
- ▢ **A** 1965
- ▢ **B** 1975
- ▢ **C** 1985
- ▢ **D** 1995

27. Selon l'INSEE, quel est le pourcentage d'adultes illettrés en France ?
- ▢ **A** 1 %
- ▢ **B** 3 %
- ▢ **C** 7 %
- ▢ **D** 14 %

28. Le corps humain est composé d'environ :
- ▢ **A** 50 % d'eau
- ▢ **B** 60 % d'eau
- ▢ **C** 70 % d'eau
- ▢ **D** 80 % d'eau

29. Le pays le plus touché par le tsunami de décembre 2005 a été :
- ▢ **A** la Malaisie
- ▢ **B** l'Inde
- ▢ **C** la Thaïlande
- ▢ **D** les Philippines

30. *Pantagruel* est le héros éponyme du premier livre de :
- ▢ **A** Rabelais
- ▢ **B** Montaigne
- ▢ **C** Du Bellay
- ▢ **D** Ronsard

Entraînement intensif
Série 4

QCM 45

Pour toutes les questions, il y a une ou plusieurs réponses possibles.

1. Quel nom porte aujourd'hui la ville de Saïgon ?
- ▢ **A** Hanoï
- ▢ **B** Hong Kong
- ▢ **C** Haiphong
- ▢ **D** Hô-Chi-Minh-ville

2. Quelle est l'échelle qui permet de mesurer la force d'un séisme ?
- ▢ **A** Celsius
- ▢ **B** Jacob
- ▢ **C** Richter
- ▢ **D** Fahrenheit

3. Un clone est ensemble de cellules :
- ▢ **A** issues du croisement d'êtres vivants très proches
- ▢ **B** issues d'une même cellule initiale
- ▢ **C** ayant subi une mutation génétique artificielle
- ▢ **D** sans matériel héréditaire

4. L'article de la Constitution qui confère au président de la République française des pouvoirs exceptionnels en cas de crise grave est :
- ▢ **A** l'article 9
- ▢ **B** l'article 16
- ▢ **C** l'article 43
- ▢ **D** l'article 51

5. Un terrain mesure 11 200 m². Quelle est sa superficie en hectares ?
- ▢ **A** 112 ha
- ▢ **B** 11,2 ha
- ▢ **C** 1,12 ha
- ▢ **D** 0,112 ha

6. Le salaire d'Alain est de 50 euros supérieur à celui de Louis. Le salaire de Louis est inférieur de 225 euros à celui de Michel. Le salaire de Michel est de 1 500 euros. Quel est le salaire d'Alain ?
- ▢ **A** 1 775 €
- ▢ **B** 1 275 €
- ▢ **C** 1 325 €
- ▢ **D** 1 550 €

7. **Un pantalon est vendu 75 euros. Son prix initial était de 125 euros. Quel est le pourcentage de la remise ?**

- ▢ **A** 15 %
- ▢ **B** 25 %
- ▢ **C** 35 %
- ▢ **D** 40 %

8. **Si une imprimante imprime 175 680 pages en un jour, combien de pages imprime-t-elle par minute ?**

- ▢ **A** 60
- ▢ **B** 122
- ▢ **C** 366

9. **La population d'une ville a augmenté de 25 % en 10 ans. Elle est aujourd'hui de 144 800 habitants. Quel était le nombre d'habitants 10 ans auparavant ?**

- ▢ **A** 108 600 habitants
- ▢ **B** 115 840 habitants
- ▢ **C** 181 000 habitants

10. **À marée basse, une échelle de coupée, fixée par son sommet au flanc d'un navire, a douze échelons hors de l'eau. Ces échelons sont à 25 cm les uns des autres, et la mer monte de 75 cm par heure. Combien restera-t-il d'échelons hors de l'eau après une heure et demie de marée montante ?**

- ▢ **A** 9
- ▢ **B** 10
- ▢ **C** 11
- ▢ **D** 12

11. **La plus petite partie d'un corps simple s'appelle :**

- ▢ **A** l'atome
- ▢ **B** le neutron
- ▢ **C** le proton
- ▢ **D** l'électron

12. **Le *Discours de la Méthode* a été écrit par :**

- ▢ **A** Blaise Pascal
- ▢ **B** Henri Bergson
- ▢ **C** Gaston Bachelard
- ▢ **D** René Descartes

13. **La Terre est surnommée la planète :**

- ▢ **A** blanche
- ▢ **B** rouge
- ▢ **C** verte
- ▢ **D** bleue

14. **La formule moléculaire du gaz carbonique est :**

- ▢ **A** $2C_2O$
- ▢ **B** C_2O
- ▢ **C** O_2C
- ▢ **D** CO_2

15. **Quel est le nombre le moins grand ?**
- ▢ **A** 0,199
- ▢ **B** 0,345
- ▢ **C** 0,564
- ▢ **D** 0,655

16. **Quel est le résultat de l'opération :**
28,457 + 100 928,1 – 2 025,48 ?
- ▢ **A** 98 874,163
- ▢ **B** 98 391,077
- ▢ **C** 102 082,937
- ▢ **D** 98 931,077

17. **Un agent est recruté à l'indice 233. Sachant que le point vaut 27,13 F et qu'un euro vaut 6,59 F, quel sera son traitement brut en euros ?**
- ▢ **A** 842 €
- ▢ **B** 1 028 €
- ▢ **C** 959,22 €
- ▢ **D** 1 156,25 €

18. **Un triangle isocèle :**
- ▢ **A** a deux côtés égaux
- ▢ **B** a trois côtés égaux
- ▢ **C** possède un angle droit
- ▢ **D** a trois angles égaux

19. **Si le côté d'un carré augmente de 50 %, par quel coefficient est multipliée son aire ?**
- ▢ **A** 25 %
- ▢ **B** 50 %
- ▢ **C** 125 %
- ▢ **D** 225 %

20. **Où est l'erreur ?**
- ▢ **A** Mille six cents élèves
- ▢ **B** Trois milles deux cents élèves
- ▢ **C** Neuf cent cinquante élèves
- ▢ **D** Sept mille cinq cents élèves

21. **Quelle est la date du Serment du jeu de paume ?**
- ▢ **A** 1515
- ▢ **B** 1685
- ▢ **C** 1789
- ▢ **D** 1895

22. **Qui a peint *Les Danseuses* ?**
- ▢ **A** Edgar Degas
- ▢ **B** Auguste Renoir
- ▢ **C** Paul Cézanne
- ▢ **D** Jean-Baptiste Corot

23. En 1916 a commencé la bataille :
- ▢ **A** de Verdun
- ▢ **B** de la Marne
- ▢ **C** du Chemin des dames
- ▢ **D** d'Austerlitz

24. La Deuxième République fait suite :
- ▢ **A** au Second Empire
- ▢ **B** à la Monarchie de Juillet
- ▢ **C** à la Révolution française
- ▢ **D** à la Seconde Guerre mondiale

25. L'anachronisme est :
- ▢ **A** l'étude des insectes
- ▢ **B** une faute de chronologie
- ▢ **C** la peur des araignées
- ▢ **D** une opinion politique

26. Quelle est la plus haute des pyramides de Gizeh ?
- ▢ **A** Sphinx
- ▢ **B** Khéops
- ▢ **C** Khephren
- ▢ **D** Mykérinos

27. En 1794, Danton et Robespierre s'opposaient aux :
- ▢ **A** Montagnards
- ▢ **B** Républicains
- ▢ **C** Girondins
- ▢ **D** Jacobins

28. Le pont des Soupirs se trouve :
- ▢ **A** à Milan
- ▢ **B** à Florence
- ▢ **C** à Rome
- ▢ **D** à Venise

29. Le territoire du Darfour se situe :
- ▢ **A** au Mali
- ▢ **B** au Sénégal
- ▢ **C** au Tchad
- ▢ **D** au Soudan

30. Wolfgang Amadeus Mozart est né en :
- ▢ **A** 1734
- ▢ **B** 1756
- ▢ **C** 1786
- ▢ **D** 1696

Entraînement intensif
Série 5

QCM 46

Pour toutes les questions, il y a une ou plusieurs réponses possibles.

1. Le 28 août 1963, à Washington, Martin Luther King prononçait son célèbre discours « I have a dream » (« Je fais un rêve ») : « Je fais le rêve qu'un jour, sur les collines rouges de la Géorgie, les fils des esclaves et les fils des propriétaires d'esclaves puissent s'asseoir ensemble à la table de... :

- ▢ **A** la fraternité »
- ▢ **B** l'amour »
- ▢ **C** la réconciliation »

2. Selon l'article premier de la *Déclaration universelle des droits de l'homme* du 10 décembre 1948 : « Tous les êtres humains naissent libres et égaux... :

- ▢ **A** en droits »
- ▢ **B** en dignité et en droits »
- ▢ **C** en raison et conscience »

3. En cas d'absence de certitudes, lorsque la science et les connaissances techniques ne permettent pas de prévenir des risques pouvant affecter la santé de l'être humain ou l'environnement, on applique le :

- ▢ **A** principe de développement durable
- ▢ **B** principe de précaution
- ▢ **C** principe de pollueur-payeur

4. Le 23 février 2007 a été promulguée la loi constitutionnelle portant modification du statut pénal du président de la République française. Désormais, l'article 68 de la Constitution est ainsi libellé : « Le président de la République ne peut être destitué qu'en cas :

- ▢ **A** de haute trahison »
- ▢ **B** d'actes non détachables de ses fonctions de chef de l'État »
- ▢ **C** de corruption »
- ▢ **D** de manquement à ses devoirs manifestement incompatible avec l'exercice de son mandat »

5. Quand un judoka parle de « dojo », il s'agit :

- ▢ **A** d'une salle
- ▢ **B** d'un tapis
- ▢ **C** d'un vêtement
- ▢ **D** d'une ceinture

6. Qu'appelle-t-on glycogénolyse ?

- ▢ **A** La transformation du glucose en glycogène
- ▢ **B** La transformation du glycogène en glucose
- ▢ **C** La transformation des lipides en glucose
- ▢ **D** La transformation des acides aminés en glucose

7. Lors de l'élection présidentielle du printemps 2017, sous l'égide de quel parti Emmanuel Macron a-t-il fait campagne ?

- ▢ **A** Debout la France (DLF)
- ▢ **B** En Marche (EM)
- ▢ **C** La France insoumise (FI)
- ▢ **D** La République en marche (LREM)

8. En 1974, un président américain démissionne. Il s'agit de :

- ▢ **A** J.F. Kennedy
- ▢ **B** R. Nixon
- ▢ **C** R. Reagan
- ▢ **D** G. Bush

9. Que signifie « Sinn Fein » ?

- ▢ **A** « Vive l'Irlande libre ! »
- ▢ **B** « Irlande républicaine »
- ▢ **C** « Nous-mêmes »
- ▢ **D** « La liberté ou la mort »

10. Lequel de ces noms est sans rapport avec la guitare ?

- ▢ **A** *Capodastre*
- ▢ **B** *Colophane*
- ▢ **C** *Médiator*
- ▢ **D** *Tablature*

11. Qu'est-ce que la vexillologie ?

- ▢ **A** L'étude scientifique des vaisseaux de guerre
- ▢ **B** L'étude scientifique des voies ferrées
- ▢ **C** L'étude scientifique des pierres tombales
- ▢ **D** L'étude scientifique des drapeaux

12. Recueil d'écriture écrit entre l'an 1200 avant J.-C. et l'an 100. Qu'est-ce ?

- ▢ **A** Les Évangiles
- ▢ **B** Les Épîtres
- ▢ **C** La Bible
- ▢ **D** L'Ancien Testament

13. Qu'est-ce que la MINUAD ?

- ▢ **A** Mission des Nations unies d'aide au développement
- ▢ **B** Mission des Nations unies d'assistance aux dissidents
- ▢ **C** Mission des Nations unies et de l'Union africaine au Darfour
- ▢ **D** Mission des Nations unies à Djibouti

14. À sa mort en 2011, Mouammar Al-Kadhafi était à la tête de la Libye depuis :

- ▢ **A** 1967
- ▢ **B** 1969
- ▢ **C** 1971
- ▢ **D** 1973

15. Quel roman a pour langue officielle la « novlangue », qui rend impossible toute expression de critiques à l'égard de l'État ?

- ▢ **A** *La Ferme des animaux*
- ▢ **B** *1984*
- ▢ **C** *Le Meilleur des mondes*
- ▢ **D** *Fahrenheit 451*

16. Quelle affirmation est fausse ?

- ▢ **A** Clermont-Ferrand a été la capitale de la France
- ▢ **B** La place principale de Clermont-Ferrand s'appelle la place de Jaude
- ▢ **C** L'ASM a remporté le Top 14 au moins deux fois
- ▢ **D** Le volcan nommé Sancy domine Clermont-Ferrand

17. *Les Nymphéas* ont été peints par :

- ▢ **A** Claude Monet
- ▢ **B** Vincent Van Gogh
- ▢ **C** Édouard Manet
- ▢ **D** Alfred Sisley

18. Que sont *Les Protocoles des Sages de Sion*, parus entre 1903 et 1906 ?

- ▢ **A** Un ouvrage qui programme la création de l'État d'Israël d'ici 50 ans
- ▢ **B** Un ouvrage antisémite
- ▢ **C** Un ouvrage qui se veut une suite juive à l'Ancien Testament
- ▢ **D** Un ouvrage dans lequel sont recensés tous les martyrs juifs de l'Histoire et destiné à être complété

19. Dans lequel ou lesquels de ces films Jeanne Moreau a-t-elle joué ?

- ▢ **A** *Ascenseur pour l'échafaud*
- ▢ **B** *L'Amant*
- ▢ **C** *Jules et Jim*
- ▢ **D** *Les Quatre Cents Coups*

20. Replacez ces événements historiques du plus ancien au plus récent.

- ▢ **A** La chute du mur de Berlin
- ▢ **B** La création de l'État d'Israël
- ▢ **C** Le premier pas sur la Lune
- ▢ **D** L'abolition de la peine de mort en France
- ▢ **E** La fin de la guerre d'Algérie

21. Quel architecte a conçu le viaduc de Millau ?

- ▢ **A** Renzo Piano
- ▢ **B** Norman Foster
- ▢ **C** Santiago Calatrava
- ▢ **D** Frank Gehry

22. « Le jour du dépassement » correspond au jour où :

- ▢ **A** les habitants des pays sud-africains passent sous le seuil de pauvreté
- ▢ **B** les habitants de la Terre dépassent les 9 milliards
- ▢ **C** les habitants de la Terre ont consommé la totalité des ressources que la Terre est en mesure de renouveler en un an
- ▢ **D** les habitants des pôles sud et nord ne voient pas le lever du soleil

23. Un stradivarius est :
- ▢ **A** un animal préhistorique
- ▢ **B** une plante exotique
- ▢ **C** un violon
- ▢ **D** une bactérie

24. La loi du 17 mai 2013 est relative :
- ▢ **A** au pacte civil de solidarité
- ▢ **B** à l'exception d'euthanasie
- ▢ **C** au revenu de solidarité active
- ▢ **D** au mariage pour tous

25. *Escherichia coli* est le nom :
- ▢ **A** d'une orchidée
- ▢ **B** d'une bactérie
- ▢ **C** d'une œuvre d'art
- ▢ **D** d'un champignon

26. Quelle est la capitale du Pakistan ?
- ▢ **A** Istanbul
- ▢ **B** Téhéran
- ▢ **C** Tachkent
- ▢ **D** Islamabad

27. Le 12 octobre 2007, Al Gore et le GIEC reçoivent le Prix Nobel de la Paix. Dès 1992, Al Gore mettait en garde contre le réchauffement climatique, entre autres, dans un livre. Quel en est le titre ?
- ▢ **A** *Une vérité qui dérange*
- ▢ **B** *Sauver la planète Terre : l'écologie et l'esprit humain*
- ▢ **C** *La Terre est un être vivant. L'Hypothèse Gala*
- ▢ **D** *L'Utopie ou la Mort*

28. L'unité de quantité de chaleur est :
- ▢ **A** le watt
- ▢ **B** le joule
- ▢ **C** le newton
- ▢ **D** le coulomb

29. Dans l'Islam, la révélation est tout entière contenue dans :
- ▢ **A** le Sinaï
- ▢ **B** la Bible
- ▢ **C** les Sourates
- ▢ **D** le Coran

30. Comment est appelée la récompense obtenue au festival de Cannes ?
- ▢ **A** La Palme d'or
- ▢ **B** Le César
- ▢ **C** Le Molière
- ▢ **D** Le Sept d'Or

47

QCM

Entraînement intensif
Série 6

QCM 47

Pour toutes les questions, il y a une ou plusieurs réponses possibles.

1. En 2013, une nouvelle toile de Van Gogh a été découverte. Elle a pour nom :

- ▢ **A** *Impressions Soleil levant*
- ▢ **B** *Impressions Soleil couchant*
- ▢ **C** *Coucher de soleil à Montmajour*
- ▢ **D** *Coucher de soleil à Sainte-Victoire*

2. Sept chameaux boivent sept bonbonnes d'eau tous les sept jours. Cinq dromadaires boivent cinq bonbonnes d'eau tous les cinq jours. Qui boit le plus ?

- ▢ **A** Un chameau
- ▢ **B** Un dromadaire
- ▢ **C** Ni l'un ni l'autre, il s'agit de la même quantité
- ▢ **D** On ne peut pas savoir

3. Que sont les « subprimes » ?

- ▢ **A** Des crédits à risques
- ▢ **B** Des parachutes dorés
- ▢ **C** Des jetons de présence
- ▢ **D** Des tantièmes

4. La moutarde est une spécialité de :

- ▢ **A** Guérande
- ▢ **B** Bordeaux
- ▢ **C** Dijon
- ▢ **D** Agen

5. Dans quel pays le Rhône prend-il sa source ?

- ▢ **A** Autriche
- ▢ **B** Suisse
- ▢ **C** France
- ▢ **D** Allemagne

6. On dit que l'impala est un animal grégaire. Cela signifie qu'il vit :

- ▢ **A** en troupeau
- ▢ **B** de façon solitaire
- ▢ **C** la nuit
- ▢ **D** en harem

7. Que célèbrent les chrétiens à la Pentecôte ?
- ▢ **A** Le don des tables de la loi à Moïse
- ▢ **B** La descente de l'Esprit saint sur les apôtres
- ▢ **C** La réincarnation du Christ
- ▢ **D** La naissance de Marie

8. Qui est le meilleur ami de Titeuf ?
- ▢ **A** Vomito
- ▢ **B** Manu
- ▢ **C** Tim
- ▢ **D** Hugo

9. Les maladies suivantes sont toutes des infections sexuellement transmissibles (IST) sauf une. Laquelle ?
- ▢ **A** Syphilis
- ▢ **B** Hépatite
- ▢ **C** Mononucléose
- ▢ **D** Herpès

10. Quelle œuvre musicale n'est pas de Mozart ?
- ▢ **A** *La Petite Musique de nuit*
- ▢ **B** *Le Roi des aulnes*
- ▢ **C** *La Flûte enchantée*
- ▢ **D** *Don Giovanni*

11. Au rugby, les succès d'une équipe sont récompensés de la manière suivante : 5 points pour un essai ; 2 points pour la transformation d'un essai ; 3 points pour un « drop » ou une pénalité. Parmi les scores ci-dessous, lesquels ne peuvent pas être réalisés au cours d'un match ?
- ▢ **A** 2
- ▢ **B** 26
- ▢ **C** 4
- ▢ **D** 22

12. Qui a obtenu le César pour avoir réalisé *La Graine et le Mulet*, en 2007 ?
- ▢ **A** Abdellatif Kechiche
- ▢ **B** Mohamed Asli
- ▢ **C** Nadir Moknèche
- ▢ **D** Moufida Tlatli

13. Les différentes directions départementales de l'État sont des services :
- ▢ **A** autonomes
- ▢ **B** déconcentrés
- ▢ **C** subordonnés
- ▢ **D** décentralisés

14. *Persépolis* est un film adapté d'une bande dessinée signée :
- ▢ **A** Marjane Satrapi
- ▢ **B** Shaun Tan
- ▢ **C** Rutu Modan
- ▢ **D** Moyoco Anno

15. Une dépression allongée en pente d'origine fluviale ou glaciaire est une :
- ▢ **A** cuvette
- ▢ **B** plaine
- ▢ **C** vallée
- ▢ **D** colline

16. Quel petit animal, proche du furet, est connu pour secréter une substance malodorante ?
- ▢ **A** Le blaireau
- ▢ **B** La fouine
- ▢ **C** Le putois
- ▢ **D** Le loir

17. L'héliciculture est la culture des :
- ▢ **A** moules
- ▢ **B** abeilles
- ▢ **C** poissons
- ▢ **D** escargots

18. Qui a composé la *Symphonie fantastique* ?
- ▢ **A** Gabriel Fauré
- ▢ **B** Jacques Offenbach
- ▢ **C** Claude Debussy
- ▢ **D** Hector Berlioz

19. Que signifie « munificence » ?
- ▢ **A** Magnifique
- ▢ **B** Splendeur
- ▢ **C** Richesse
- ▢ **D** Générosité

20. Quel jeu se joue sur un plateau représentant une spirale de 63 cases illustrées et avec deux dés ?
- ▢ **A** Petits chevaux
- ▢ **B** Jeu de l'oie
- ▢ **C** Trivial poursuite
- ▢ **D** Tric trac

21. Quel érudit romain a rédigé *La Vie des douze Césars* au début du IIe siècle ?
- ▢ **A** Cicéron
- ▢ **B** Suétone
- ▢ **C** Plutarque
- ▢ **D** Pline le Jeune

22. De 737 à 741, quelle fonction occupa Charles Martel ?
- ▢ **A** Grand Chancelier
- ▢ **B** Maire du Palais
- ▢ **C** Grand Chambellan
- ▢ **D** Maréchal de France

23. Qui a battu et fait prisonnier François Ier à Pavie, en 1525 ?
- ▢ **A** Henry VIII
- ▢ **B** Léon X
- ▢ **C** Soliman le Magnifique
- ▢ **D** Charles Quint

24. En 1589, qui a assassiné Henri III ?
- ▢ **A** François Ravaillac
- ▢ **B** Jacques Clément
- ▢ **C** Jeronimo Caserio
- ▢ **D** Raoul Villain

25. Qui était le père de Louis XIII ?
- ▢ **A** Henri III
- ▢ **B** Henri IV
- ▢ **C** Louis XII
- ▢ **D** Charles IX

26. Qui était Armand Jean du Plessis ?
- ▢ **A** Le cardinal de Richelieu
- ▢ **B** Le cardinal Mazarin
- ▢ **C** L'abbé Dubois
- ▢ **D** L'abbé Grégoire

27. À quel groupe politique appartenaient Danton et Robespierre ?
- ▢ **A** La Plaine
- ▢ **B** La Montagne
- ▢ **C** La Gironde
- ▢ **D** Les Exagérés

28. En quelle année eurent lieu les « Cent jours » de Napoléon ?
- ▢ **A** 1805
- ▢ **B** 1810
- ▢ **C** 1815
- ▢ **D** 1820

29. Qui régna en France sous la monarchie de Juillet ?
- ▢ **A** Louis XVI
- ▢ **B** Louis XVIII
- ▢ **C** Charles X
- ▢ **D** Louis-Philippe 1er

30. Quel poète, historien et homme politique, ayant dirigé la France après la Révolution de 1848, est battu à l'élection présidentielle du 10 décembre 1848 par Louis-Napoléon Bonaparte ?
- ▢ **A** Victor Hugo
- ▢ **B** Alphonse de Lamartine
- ▢ **C** Gérard de Nerval
- ▢ **D** Alfred de Vigny

Entraînement intensif
Série 7

QCM 48

Pour toutes les questions, il y a une ou plusieurs réponses possibles.

1. Quel animal élève-t-on en cuniculiculture ?
- ▢ **A** Marmotte
- ▢ **B** Crocodile
- ▢ **C** Crevette
- ▢ **D** Lapin

2. En poésie, quel adjectif qualifie une rime qui se termine par un « e » muet ?
- ▢ **A** Riche
- ▢ **B** Pauvre
- ▢ **C** Muette
- ▢ **D** Féminine

3. Lequel des mots suivants est mal orthographié au pluriel ?
- ▢ **A** Des arrière-saisons
- ▢ **B** Des passe-partout
- ▢ **C** Des rabat-joies
- ▢ **D** Des volte-face

4. En Amérique centrale, comment se nomme le cyclone ?
- ▢ **A** Typhon
- ▢ **B** Hurricane
- ▢ **C** Alizé
- ▢ **D** Tornade

5. Qui prononçait souvent « Yalla » signifiant « en avant » ?
- ▢ **A** Sœur Emmanuelle
- ▢ **B** L'Abbé Pierre
- ▢ **C** Ghandi
- ▢ **D** Mère Teresa

6. En France, comment les sénateurs sont-ils élus ?
- ▢ **A** Au suffrage universel indirect
- ▢ **B** Au suffrage universel direct uninominal à deux tours
- ▢ **C** Au suffrage universel direct à la proportionnelle à un tour
- ▢ **D** Au suffrage universel direct uninominal à un tour

7. Quels sont les trois sports du triathlon ?
- ▢ **A** Natation
- ▢ **B** Cyclisme
- ▢ **C** Tir à l'arc
- ▢ **D** Course à pied

8. En 1954, qui écrit *La Technique ou l'enjeu du siècle* ?
- ▢ **A** Hans Jonas
- ▢ **B** Jürgen Habermas
- ▢ **C** Martin Heidegger
- ▢ **D** Jacques Ellul

9. La République démocratique du Congo a pour capitale :
- ▢ **A** Nairobi
- ▢ **B** Yaoundé
- ▢ **C** Luanda
- ▢ **D** Brazzaville

10. Lequel de ces livres a été écrit par Ernest Hemingway ?
- ▢ **A** *Mansfield Park*
- ▢ **B** *L'Île au trésor*
- ▢ **C** *Le Vieil Homme et la mer*

11. En 1863, qui a peint *Olympia* ?
- ▢ **A** Édouard Manet
- ▢ **B** Claude Monet
- ▢ **C** Auguste Renoir
- ▢ **D** Edgar Degas

12. Quel avocat, journaliste et historien fut président de la République française entre 1871 et 1873 ?
- ▢ **A** Adolphe Thiers
- ▢ **B** Patrice de Mac-Mahon
- ▢ **C** Jules Grévy
- ▢ **D** Léon Gambetta

13. En 1907, qui a peint *Le Baiser* ?
- ▢ **A** Gustav Klimt
- ▢ **B** Gustave Moreau
- ▢ **C** Odilon Redon
- ▢ **D** Fernand Khnopff

14. En 1917, quel artiste a renversé un urinoir et intitulé cette œuvre *Fontaine* ?
- ▢ **A** Salvador Dali
- ▢ **B** Marcel Duchamp
- ▢ **C** Francis Picabia
- ▢ **D** Max Ernst

15. Le 24 octobre 1940, où Philippe Pétain a-t-il serré la main d'Adolf Hitler ?
- ▢ **A** À Montoire
- ▢ **B** À Uriage
- ▢ **C** À Munich
- ▢ **D** À Sigmaringen

16. **En 1954, pour quel roman Simone de Beauvoir a-t-elle obtenu le Prix Goncourt ?**
- ▢ **A** *Les Bouches inutiles*
- ▢ **B** *Le Deuxième Sexe*
- ▢ **C** *Les Mandarins*
- ▢ **D** *La Cérémonie des adieux*

17. **De quelle année date la loi de séparation des Églises et de l'État en France ?**
- ▢ **A** 1789
- ▢ **B** 1848
- ▢ **C** 1905
- ▢ **D** 1945

18. **Le terme lycée, comme lieu d'étude, a été utilisé en premier par :**
- ▢ **A** Jules Ferry
- ▢ **B** Napoléon
- ▢ **C** Charlemagne
- ▢ **D** Aristote

19. **Quel architecte est le concepteur de l'Institut du monde arabe et du Musée du Quai Branly ?**
- ▢ **A** Jean Nouvel
- ▢ **B** Jean-Michel Wilmotte
- ▢ **C** Dominique Perrault
- ▢ **D** Christian de Portzamparc

20. **Qu'est-ce qu'une plante hélophyte ?**
- ▢ **A** Une espèce qui pousse sans racine
- ▢ **B** Une espèce qui pousse dans l'eau avec les tiges hors de l'eau
- ▢ **C** Une espèce qui n'a pas besoin d'oxygène pour vivre
- ▢ **D** Une espèce qui vit dans l'eau

21. **Quel est le nom du premier homme à avoir marché sur la Lune ?**
- ▢ **A** Neil Armstrong
- ▢ **B** Edwin Aldrin
- ▢ **C** Youri Gagarine
- ▢ **D** Alan Shepard

22. **L'État d'Israël a été créé en :**
- ▢ **A** 1918
- ▢ **B** 1948
- ▢ **C** 1968
- ▢ **D** 1988

23. **Hitler a été nommé comme chancelier du Reich en :**
- ▢ **A** 1932
- ▢ **B** 1933
- ▢ **C** 1934
- ▢ **D** 1935

24. Auguste Comte est le fondateur du :

- ▢ **A** matérialisme
- ▢ **B** positivisme
- ▢ **C** existentialisme
- ▢ **D** naturalisme

25. En avril 1946, la Société des Nations (SDN) disparaît officiellement au profit de :

- ▢ **A** l'Organisation des Nations unies (ONU)
- ▢ **B** l'Organisation des Nations unies pour l'éducation, la science et la culture (UNESCO)
- ▢ **C** l'Organisation mondiale de la santé (OMS)
- ▢ **D** l'Organisation internationale du travail (OIT)

26. Au cours de quel siècle a-t-on découvert que la Terre était ronde ?

- ▢ **A** XIIIe siècle
- ▢ **B** XIVe siècle
- ▢ **C** XVe siècle
- ▢ **D** XVIe siècle

27. Quel marin aujourd'hui disparu fut le célèbre skipper du voilier Pen Duick ?

- ▢ **A** François Gabart
- ▢ **B** Éric Tabarly
- ▢ **C** Olivier de Kersauson
- ▢ **D** Armel Le Cléac'h

28. Combien de membres le Conseil constitutionnel comprend-il (sans les membres de droit) ?

- ▢ **A** 3
- ▢ **B** 6
- ▢ **C** 9
- ▢ **D** 12

29. L'État espagnol est :

- ▢ **A** un royaume
- ▢ **B** une république
- ▢ **C** une monarchie
- ▢ **D** une dictature

30. Quel est le nombre de personnes atteintes de la maladie d'Alzheimer en France ?

- ▢ **A** 120 000
- ▢ **B** 250 000
- ▢ **C** 565 000
- ▢ **D** 900 000

Entraînement intensif
Série 8

QCM 49

Pour toutes les questions, il y a une ou plusieurs réponses possibles.

1. L'Union européenne s'est dotée d'un certain nombre de symboles, tel le drapeau européen. L'hymne européen s'intitule :
- ▢ **A** *Ode à l'union*
- ▢ **B** *Ode à la joie*
- ▢ **C** *Tutti insieme*

2. Le siège de la Commission de l'Union européenne est à :
- ▢ **A** Luxembourg
- ▢ **B** Bruxelles
- ▢ **C** Strasbourg

3. Quelle aviation a bombardé la ville de Guernica le 26 avril 1937 pendant la guerre civile espagnole ?
- ▢ **A** L'aviation franquiste
- ▢ **B** L'aviation italienne
- ▢ **C** L'aviation allemande

4. Quel est le nom du premier satellite américain ?
- ▢ **A** Explorer
- ▢ **B** Discover
- ▢ **C** Pioneer

5. Qui décide la construction du Mur de Berlin, séparant de 1961 à 1989 la ville de Berlin en deux ?
- ▢ **A** Dwight D. Eisenhower
- ▢ **B** Nikita Khrouchtchev
- ▢ **C** John F. Kennedy

6. À la date du premier janvier 2022, le nombre de langues officielles de l'Union européenne est :
- ▢ **A** 2 (l'anglais et le français)
- ▢ **B** 15
- ▢ **C** 24

7. Qui décide, le 29 novembre 1947, du partage de la Palestine en trois États sous statut international : un État arabe, un État juif et un troisième État (Jérusalem) ?
- ▢ **A** L'ONU
- ▢ **B** L'OTAN
- ▢ **C** La France, le Royaume-Uni, l'URSS et les États-Unis

8. Sous quel régime les instituteurs sont-ils devenus fonctionnaires d'État ?

- ▢ **A** Le Second empire
- ▢ **B** La IIIe République
- ▢ **C** La IVe République
- ▢ **D** La Ve République

9. Dans l'une de ses aventures, Tintin s'oppose à des faux-monnayeurs. Où se déroule-t-elle ?

- ▢ **A** En Grande-Bretagne
- ▢ **B** Au Moyen-Orient
- ▢ **C** En Chine
- ▢ **D** Aux États-Unis

10. Le mot « thune » utilisé en argot encore aujourd'hui, avait à l'origine une signification différente. Laquelle ?

- ▢ **A** Aumône
- ▢ **B** Bourse
- ▢ **C** Rente
- ▢ **D** Impôt

11. À quel courant le peintre Eugène Delacroix appartient-il ?

- ▢ **A** Impressionnisme
- ▢ **B** Néo-réalisme
- ▢ **C** Romantisme
- ▢ **D** Néo-classicisme

12. L'acrophobie est la crainte…

- ▢ **A** des araignées
- ▢ **B** des lieux élevés
- ▢ **C** des cours d'eau
- ▢ **D** des contacts

13. Lequel de ces oiseaux « bouboule » ?

- ▢ **A** Le hibou
- ▢ **B** Le geai
- ▢ **C** Le coucou
- ▢ **D** La buse

14. La Constitution française du 4 octobre 1958 adoptée par le référendum du 28 septembre 1958 fonde le régime de la Ve République ; laquelle de ces propositions représente le principe de la République française ?

- ▢ **A** « Les hommes naissent et demeurent libres et égaux en droits. Les distinctions sociales ne peuvent être fondées que sur l'utilité commune »
- ▢ **B** « La nation assure à l'individu et à la famille les conditions nécessaires à leur développement »
- ▢ **C** « Gouvernement du peuple, par le peuple et pour le peuple »
- ▢ **D** « Liberté, égalité, fraternité »

15. **Quelle région administrative française compte le plus de départements ?**

- ▢ **A** Auvergne-Rhône-Alpes
- ▢ **B** Occitanie
- ▢ **C** Île-de-France
- ▢ **D** Pays-de-la-Loire

16. **Lequel de ces mots ne désigne pas une chanson ?**

- ▢ **A** La cathèdre
- ▢ **B** La rengaine
- ▢ **C** La barcarolle
- ▢ **D** La scie

17. **Qu'est ce qu'un stoppeur quand il ne s'agit pas d'un joueur de football ?**

- ▢ **A** Un mécanicien chargé de l'arrêt des machines sur un navire
- ▢ **B** Un panneau routier obligeant les véhicules à s'arrêter
- ▢ **C** Une personne qui stoppe, raccommode les étoffes
- ▢ **D** Une personne qui tend son pouce sur le bord de la route pour être pris en charge

18. **De ces quatre sports d'équipe, quel est celui dont le nom ne provient pas de l'anglais ?**

- ▢ **A** Le volley-ball
- ▢ **B** Le handball
- ▢ **C** Le football
- ▢ **D** Le hockey

19. **Au théâtre, quelle représentation se situe entre les deux autres ?**

- ▢ **A** La générale
- ▢ **B** La première
- ▢ **C** La couturière
- ▢ **D** La seconde

20. **Qu'est-ce qu'une « anacrouse » ?**

- ▢ **A** Un fruit exotique
- ▢ **B** Une variété de perdrix
- ▢ **C** Une note de musique
- ▢ **D** Une galerie de peinture

21. **Quelle est l'antépénultième lettre de l'alphabet ?**

- ▢ **A** X
- ▢ **B** V
- ▢ **C** W
- ▢ **D** Y

22. **Duquel de ces trois personnages peut-on dire qu'il est « réduit à quia » ?**

- ▢ **A** Un ecclésiastique interdit par son évêque
- ▢ **B** Un débatteur qui n'a plus rien à répondre à ses adversaires
- ▢ **C** Un homme ruiné
- ▢ **D** Un agité qui a recouvré la quiétude

23. **« Aller à Canossa », c'est :**
- ▢ **A** recommencer plusieurs fois son travail
- ▢ **B** se mettre en colère
- ▢ **C** rêver, échafauder mille et un projets
- ▢ **D** s'humilier devant quelqu'un

24. **Qu'est ce qu'un « amphitryon » ?**
- ▢ **A** Un passereau d'Australie de la taille d'un faisan
- ▢ **B** Un navire à voiles à deux mâts
- ▢ **C** Un hôte chez qui l'on est reçu à dîner
- ▢ **D** Un morceau d'une volaille situé au-dessus du croupion

25. **Que signifie l'expression « aller au diable Vauvert » ?**
- ▢ **A** S'agiter, se démener comme un beau diable
- ▢ **B** Se promener dans la campagne sans but précis
- ▢ **C** Aller fort loin
- ▢ **D** Être réduit aux derniers expédients, et donc recourir à l'aide du diable

26. **Lequel de ces quatre pays borde la mer Morte ?**
- ▢ **A** La Syrie
- ▢ **B** Israël
- ▢ **C** L'Irak
- ▢ **D** Le Liban

27. **La photographie a été inventée par :**
- ▢ **A** les frères Lumière
- ▢ **B** Louis Daguerre
- ▢ **C** Nicéphore Niepce
- ▢ **D** Robert Doisneau

28. **Quel est le plus haut sommet du massif des Pyrénées ?**
- ▢ **A** Le Pic du Midi
- ▢ **B** Le Vignemale
- ▢ **C** Le Canigou
- ▢ **D** Le Pic d'Aneto

29. **Quelle est la maladie provoquée par la carence en vitamine D ?**
- ▢ **A** Le scorbut
- ▢ **B** Le botulisme
- ▢ **C** Le rachitisme
- ▢ **D** Le saturnisme

30. **Qu'est-ce que le printemps de Prague ?**
- ▢ **A** Une tentative de libéralisation de la vie politique et culturelle en Tchécoslovaquie ayant fait l'objet d'une répression soviétique
- ▢ **B** Une révolution étudiante tchécoslovaque réprimée de façon sanglante par l'armée tchèque
- ▢ **C** Une révolution ouvrière avec pour conséquence une vague de nationalisation des entreprises tchèques
- ▢ **D** Un mouvement national affirmant le droit des peuples à disposer d'eux-mêmes et ayant pour objectif l'unité nationale.

Entraînement intensif
Série 9

QCM 50

Pour toutes les questions, il y a une ou plusieurs réponses possibles.

1. Où siège la Cour européenne des droits de l'homme ?
- ▢ **A** Au Luxembourg
- ▢ **B** À La Haye
- ▢ **C** À Strasbourg
- ▢ **D** À Bruxelles

2. Le festival d'Aix-en-Provence concerne :
- ▢ **A** l'opéra
- ▢ **B** le cinéma
- ▢ **C** la danse
- ▢ **D** l'impressionnisme

3. En 2022, qui est le président de la Commission européenne ?
- ▢ **A** Jean-Claude Juncker
- ▢ **B** Ursula von der Leyen
- ▢ **C** Angela Merkel
- ▢ **D** José Luis Zapatero

4. En quelle année le cinéma devient-il parlant ?
- ▢ **A** 1910
- ▢ **B** 1927
- ▢ **C** 1943
- ▢ **D** 1945

5. Dans quel festival reçoit-on un Lion comme récompense ?
- ▢ **A** Berlin
- ▢ **B** Rome
- ▢ **C** Venise
- ▢ **D** Cannes

6. Quels sont les prénoms des Frères Lumière ?
- ▢ **A** Auguste et Pierre
- ▢ **B** Pierre et Paul
- ▢ **C** Auguste et Louis
- ▢ **D** Louis et Pierre

7. Où reçoit-on la Palme d'or ?
- ▢ **A** Au festival de Venise
- ▢ **B** Au festival de Deauville
- ▢ **C** Au festival de Berlin
- ▢ **D** Au festival de Cannes

8. **En 2019, qui a obtenu le prix Nobel de la paix ?**
- ▢ **A** Barack Obama
- ▢ **B** Abiy Ahmed
- ▢ **C** Malala Yousafzai
- ▢ **D** Nadia Murad

9. ***Parle avec elle* est un film de :**
- ▢ **A** Luc Besson
- ▢ **B** Pedro Almodóvar
- ▢ **C** Woody Allen
- ▢ **D** Martin Scorcesse

10. **Où ont eu lieu les Jeux olympiques d'hiver de 2010 ?**
- ▢ **A** Pékin
- ▢ **B** Londres
- ▢ **C** Vancouver
- ▢ **D** Calgary

11. **Quel est le thème abordé dans le film *Une Vérité qui dérange* ?**
- ▢ **A** Le réchauffement climatique
- ▢ **B** Le trafic d'armes
- ▢ **C** La violence urbaine
- ▢ **D** Le travail des enfants

12. **En quelle année fut signé le traité de l'Union européenne à Maastricht ?**
- ▢ **A** 1990
- ▢ **B** 1991
- ▢ **C** 1992
- ▢ **D** 1993

13. **Quel pays est entré dans l'Union européenne le 1er juillet 2013 ?**
- ▢ **A** La Turquie
- ▢ **B** La Croatie
- ▢ **C** L'Albanie
- ▢ **D** Chypre

14. **Quel était le nom de code de Jean Moulin, délégué général des gaullistes en France ?**
- ▢ **A** Max
- ▢ **B** Clément
- ▢ **C** Mathieu
- ▢ **D** Mathurin

15. **Quel était le nom de l'opération amphibie destinée à gagner la bataille des plages en juin 1944 ?**
- ▢ **A** Saturne
- ▢ **B** Rivage
- ▢ **C** Neptune
- ▢ **D** Cléon

16. **Depuis la fondation des États-Unis d'Amérique, combien de présidents se sont-ils succédé ?**
- ▢ **A** 43
- ▢ **B** 44
- ▢ **C** 45
- ▢ **D** 46

17. **Quel est le film dans lequel Philippe Noiret n'a pas joué ?**
- ▢ **A** *Le Facteur*
- ▢ **B** *Cinéma Paradiso*
- ▢ **C** *Les Côtelettes*
- ▢ **D** *Ridicule*

18. **Tous les ans, le Mémorial de Caen accueille :**
- ▢ **A** un concours de plaidoiries
- ▢ **B** le festival des Étonnants voyageurs
- ▢ **C** les folles journées
- ▢ **D** un concours de poésie

19. **Combien d'étoiles le drapeau européen comporte-t-il ?**
- ▢ **A** 12
- ▢ **B** 27
- ▢ **C** 25
- ▢ **D** 18

20. **Quel pays n'a pas de frontière avec le territoire de l'Union européenne ?**
- ▢ **A** Le Brésil
- ▢ **B** Le Kazakhstan
- ▢ **C** La Moldavie
- ▢ **D** L'Ukraine

21. **La Première Guerre mondiale s'est achevée par la signature du traité de :**
- ▢ **A** Rethondes
- ▢ **B** Versailles
- ▢ **C** Yalta
- ▢ **D** Aix-la-Chapelle

22. **En France, le droit de vote des femmes fut proposé par :**
- ▢ **A** Léon Blum
- ▢ **B** Georges Clémenceau
- ▢ **C** Le général de Gaulle
- ▢ **D** Guy Mollet

23. **Beethoven :**
- ▢ **A** était un musicien allemand
- ▢ **B** était atteint de surdité
- ▢ **C** a écrit l'*Hymne à la Joie*
- ▢ **D** a composé le *Concerto de l'Empereur*
- ▢ **E** était contemporain de Bach

24. Sony Rollins est :
- ▢ **A** acteur de cinéma
- ▢ **B** musicien de jazz
- ▢ **C** écrivain
- ▢ **D** saxophoniste

25. Quelles danses sont sud-américaines ?
- ▢ **A** Le be-bop
- ▢ **B** La bossa nova
- ▢ **C** Le tango
- ▢ **D** La salsa

26. Ces personnalités sont chanteuses de jazz, sauf une :
- ▢ **A** Billie Holliday
- ▢ **B** Sarah Vaughan
- ▢ **C** Audrey Hepburn
- ▢ **D** Anita O'Day

27. Le surnom de « petit père du peuple » fut donné à :
- ▢ **A** Staline
- ▢ **B** Hitler
- ▢ **C** Pétain
- ▢ **D** Jaurès

28. On doit la statue de la liberté de New York à :
- ▢ **A** Rodin
- ▢ **B** Eiffel
- ▢ **C** Carpeaux
- ▢ **D** Bartholdi

29. L'inventeur du mot « utopie » est :
- ▢ **A** Platon
- ▢ **B** Aristote
- ▢ **C** Thomas More
- ▢ **D** Tomasso Campanella

30. Le Sénat siège au :
- ▢ **A** Palais Bourbon
- ▢ **B** Palais Drouot
- ▢ **C** Palais Brongniart
- ▢ **D** Palais du Luxembourg

Entraînement intensif
Série 10

QCM 51

Pour toutes les questions, il y a une ou plusieurs réponses possibles.

1. Le tombeau de Napoléon se trouve :
- ▢ **A** au pied de l'Arc de Triomphe
- ▢ **B** sur l'île d'Elbe
- ▢ **C** à Sainte Hélène
- ▢ **D** à l'hôtel des Invalides

2. L'auteur de la formule « le rire est le propre de l'homme » est :
- ▢ **A** François Rabelais
- ▢ **B** Michel de Montaigne
- ▢ **C** Blaise Pascal
- ▢ **D** Voltaire

3. Où est né Jésus ?
- ▢ **A** À Nazareth
- ▢ **B** À Bethléem
- ▢ **C** À Jérusalem
- ▢ **D** En Galilée

4. Les pays d'Amérique du Sud parlent espagnol sauf :
- ▢ **A** Le Chili
- ▢ **B** L'Argentine
- ▢ **C** Le Brésil
- ▢ **D** Le Venezuela

5. La capitale administrative du Canada est :
- ▢ **A** Montréal
- ▢ **B** Québec
- ▢ **C** Toronto
- ▢ **D** Vancouver

6. Les pays fondateurs de la Communauté européenne sont :
- ▢ **A** la France
- ▢ **B** l'Allemagne
- ▢ **C** l'Italie
- ▢ **D** la Belgique

7. Choisissez parmi les auteurs suivants ceux qui sont de nationalité américaine :
- ▢ **A** Ernest Hemingway
- ▢ **B** John Steinbeck
- ▢ **C** Fedor Dostoïevski
- ▢ **D** Johann Goethe

8. Le Maroc :

- ▢ **A** est un pays musulman
- ▢ **B** est une république
- ▢ **C** est une royauté
- ▢ **D** a pour capitale Fez
- ▢ **E** est un pays du Moyen-Orient

9. La France compte désormais :

- ▢ **A** 10 régions
- ▢ **B** 13 régions
- ▢ **C** 15 régions
- ▢ **D** 20 régions

10. De quel pays Mohammed V (1960-1961) fut-il le roi ?

- ▢ **A** L'Algérie
- ▢ **B** La Turquie
- ▢ **C** Le Maroc
- ▢ **D** La Tunisie
- ▢ **E** L'Iran

11. De quelle plante potagère de la famille des liliacées mange-t-on les « turions » ?

- ▢ **A** Le navet
- ▢ **B** Le poireau
- ▢ **C** L'asperge
- ▢ **D** La courgette
- ▢ **E** La carotte

12. Quelle grande ville se situe à mi-chemin entre Le Havre et Poitiers ?

- ▢ **A** Bordeaux
- ▢ **B** Orléans
- ▢ **C** Le Mans
- ▢ **D** Rennes
- ▢ **E** Laval

13. Qu'a-t-on promulgué le 21 mars 1804 ?

- ▢ **A** Le Code civil
- ▢ **B** Le Sénat
- ▢ **C** La Légion d'Honneur
- ▢ **D** La grande armée
- ▢ **E** Le Parlement

14. Quel sport a fait son apparition aux Jeux olympiques de Tokyo en 2020 ?

- ▢ **A** Le surf
- ▢ **B** La lutte gréco-romaine
- ▢ **C** L'heptathlon
- ▢ **D** Le BMX

15. Au cours des deux septennats de François Mitterrand ont été construits :
- ▢ **A** l'Opéra Bastille
- ▢ **B** la Grande Bibliothèque
- ▢ **C** le Centre Beaubourg
- ▢ **D** la Pyramide du Louvre

16. Molière était contemporain de :
- ▢ **A** Louis XVI
- ▢ **B** Henri IV
- ▢ **C** Louis XIV
- ▢ **D** La Fontaine
- ▢ **E** Jean-Baptiste Lully

17. Citer, parmi les musiciens suivants, ceux se situant dans la période dite baroque :
- ▢ **A** Monteverdi
- ▢ **B** Lully
- ▢ **C** Mozart
- ▢ **D** Berlioz

18. Le pic des Tourettes est situé dans :
- ▢ **A** les Alpes
- ▢ **B** les Pyrénées
- ▢ **C** les Vosges
- ▢ **D** les Balkans

19. Le conseil général a changé de nom en 2013. Il s'appelle désormais :
- ▢ **A** conseil régional
- ▢ **B** conseil cantonal
- ▢ **C** conseil départemental
- ▢ **D** conseil économique et social

20. La durée du mandat du président des États-Unis est de :
- ▢ **A** 4 ans
- ▢ **B** 5 ans
- ▢ **C** 6 ans
- ▢ **D** 7 ans

21. Qui est Énée ?
- ▢ **A** Le fils de Rémus
- ▢ **B** Le fils de Romulus
- ▢ **C** Le fils de Cléopâtre
- ▢ **D** Le fils de Vénus

22. Qui a écrit le *Satyricon* ?
- ▢ **A** César
- ▢ **B** Voltaire
- ▢ **C** Pétrone
- ▢ **D** Maximus
- ▢ **E** Pasolini

23. Le phylloxéra est :
- ▢ **A** une bactérie
- ▢ **B** un insecte
- ▢ **C** un virus
- ▢ **D** un champignon

24. Le père de Zeus est :
- ▢ **A** Ouranos
- ▢ **B** Gaïa
- ▢ **C** Cronos
- ▢ **D** Rhéa

25. Quelle est la nationalité du célèbre personnage d'Agatha Christie, Hercule Poirot ?
- ▢ **A** Belge
- ▢ **B** Française
- ▢ **C** Suisse
- ▢ **D** Canadienne

26. Lesquels, parmi ces films, sont de Marcel Carné ?
- ▢ **A** *La Grande Illusion*
- ▢ **B** *La Ruée vers l'or*
- ▢ **C** *Les Visiteurs du soir*
- ▢ **D** *Les Enfants du paradis*

27. Qui ne fait pas partie des Quatre mousquetaires en tennis ?
- ▢ **A** Jean Borotra
- ▢ **B** Yannick Noah
- ▢ **C** Jacques Brugnon
- ▢ **D** René Lacoste
- ▢ **E** Henri Cochet

28. Francisco Goya :
- ▢ **A** est de nationalité espagnole
- ▢ **B** est de nationalité italienne
- ▢ **C** a peint *La Duchesse d'Albe*
- ▢ **D** a peint *Les Demoiselles d'Avignon*

29. Quels sont les trois fléaux responsables d'une mortalité élevée en Afrique Noire ?
- ▢ **A** le paludisme
- ▢ **B** la tuberculose
- ▢ **C** le sida
- ▢ **D** la rougeole

30. Dora Maar a été la compagne de :
- ▢ **A** Dali
- ▢ **B** Picasso
- ▢ **C** Courbet
- ▢ **D** Chagall
- ▢ **E** Matisse

Entraînement intensif
Série 11

QCM 52

Pour toutes les questions, il y a une ou plusieurs réponses possibles.

1. Quel est l'intrus ?
- ▢ **A** Parsemer
- ▢ **B** Répandre
- ▢ **C** Conglomérer

2. Quelle est l'unité de fréquence ?
- ▢ **A** Le volt
- ▢ **B** Le kelvin
- ▢ **C** Le hertz

3. Le verbe « seoir » peut être usité :
- ▢ **A** au présent de l'indicatif
- ▢ **B** à l'imparfait de l'indicatif
- ▢ **C** au passé simple
- ▢ **D** au futur

4. L'ornithorynque :
- ▢ **A** allaite ses petits
- ▢ **B** pond des œufs
- ▢ **C** est un batracien
- ▢ **D** a un bec

5. Serge Prokofiev est l'auteur de deux œuvres musicales parmi ces titres. Lesquelles ?
- ▢ **A** *Roméo et Juliette*
- ▢ **B** *La Bohème*
- ▢ **C** *Traité de l'harmonie*
- ▢ **D** *L'Ange de feu*

6. Parmi les œuvres citées, lesquelles sont de Victor Hugo ?
- ▢ **A** *L'Art d'être grand-père*
- ▢ **B** *Mémoires d'outre-tombe*
- ▢ **C** *Hernani*
- ▢ **D** *Les Châtiments*

7. Machu Picchu est le nom du site archéologique inca situé :

- ▢ **A** au Chili
- ▢ **B** au Pérou
- ▢ **C** en Colombie

8. Selon la suite de Fibonacci, quel nombre vient logiquement après cette suite : 1 – 1 – 2 – 3 – 5 – 8 – 13 – 21 – … ?

- ▢ **A** 34
- ▢ **B** 39
- ▢ **C** 47
- ▢ **D** 55

9. Par quel architecte a été conçu le parc Güell à Barcelone ?

- ▢ **A** Mucha
- ▢ **B** Gaudi
- ▢ **C** Le Corbusier
- ▢ **D** Sanchez

10. Qu'est-ce qu'une didascalie ?

- ▢ **A** Une vision d'ensemble d'un tableau en peinture
- ▢ **B** Une figure de rhétorique qui consiste à prendre le plus pour le moins
- ▢ **C** Un poisson de mer au museau allongé
- ▢ **D** Une indication de jeu dans une œuvre théâtrale

11. Parmi les monts cités, lesquels ne dépassent pas 5 000 m d'altitude ?

- ▢ **A** Le mont Mac Kinley (Alaska)
- ▢ **B** Le Kilimandjaro (Tanzanie)
- ▢ **C** Le Fuji Yama (Japon)
- ▢ **D** Le Cervin (Suisse)
- ▢ **E** Le Kosciusko (Australie)

12. Dans *Le Carnaval des animaux* de Camille Saint-Saëns, quels sont les animaux que le compositeur n'évoque pas ?

- ▢ **A** L'hémione
- ▢ **B** La girafe
- ▢ **C** Le canard
- ▢ **D** La tortue
- ▢ **E** L'éléphant

13. Parmi ces mots, lesquels sont des plantes ?

- ▢ **A** Pied-d'alouette
- ▢ **B** Pied-de-poule
- ▢ **C** Pied-de-veau
- ▢ **D** Pied-de-loup
- ▢ **E** Pied-d'oiseau

14. Cocher la bonne orthographe.

- ▢ **A** Elles se sont faites transporter.
- ▢ **B** Elles se sont fait transporter.
- ▢ **C** Elles se sont fait transportées.
- ▢ **D** Elles se sont faits transporter.

15. **Parmi les contes ci-dessous, lesquels ont été écrits par Hans Christian Andersen ?**
- ▢ **A** *La Petite Fille aux allumettes*
- ▢ **B** *La Petite Poucette*
- ▢ **C** *Le Vaillant Petit Tailleur*
- ▢ **D** *La Reine des neiges*
- ▢ **E** *Les Habits neufs de l'empereur*

16. **Quelles sont les œuvres peintes par Picasso avant *Guernica* (1937) ?**
- ▢ **A** *Les Demoiselles d'Avignon*
- ▢ **B** *Nature morte au crâne de taureau*
- ▢ **C** *Mère et enfant*
- ▢ **D** *L'Ossuaire*
- ▢ **E** *Arlequin jouant de la guitare*

17. **Une chaconne est :**
- ▢ **A** une longue barque étroite et plate
- ▢ **B** une danse à trois temps
- ▢ **C** une étoffe de mauvaise qualité

18. **Qu'est-ce qu'un besson ?**
- ▢ **A** Un meuble
- ▢ **B** Un jumeau
- ▢ **C** Un instrument de musique
- ▢ **D** Un animal têtu

19. **Quel mot vient à la suite de la série suivante : « ange – angine – anglais – angoisse – anguille – ... » ?**
- ▢ **A** Angle
- ▢ **B** Angulaire
- ▢ **C** Angélique
- ▢ **D** Anglicisme

20. **Au bout de six jours, six poules ont pondu six œufs. Combien d'œufs pondront en tout 20 poules en 12 jours ?**
- ▢ **A** 240
- ▢ **B** 124
- ▢ **C** 40
- ▢ **D** 32
- ▢ **E** 24

21. **Le train eurostar a été mis en service en :**
- ▢ **A** 1990
- ▢ **B** 1994
- ▢ **C** 1998

22. **Personnage de bande dessinée créé en 1905 par Cammery et Pinchon dans l'hebdomadaire français *La Semaine de Suzette*, qui suis-je ?**
- ▢ **A** M. Fenouillard
- ▢ **B** Félix le chat
- ▢ **C** Achille Talon
- ▢ **D** Bécassine

23. Cocher l'intrus.
- ▢ **A** Épitaphe
- ▢ **B** Épithète
- ▢ **C** Épistolaire
- ▢ **D** Épithélium

24. Quel fut le premier savant à proposer une théorie dans laquelle la Terre n'occupe plus le centre de l'Univers ?
- ▢ **A** Galilée
- ▢ **B** Copernic
- ▢ **C** Ptolémée
- ▢ **D** Newton

25. Parmi ces définitions, laquelle (lesquelles) ne correspond(ent) pas au mot « avatar » ?
- ▢ **A** Affront public, humiliation
- ▢ **B** Incarnations de Vishnou dans la religion hindoue
- ▢ **C** Événement fâcheux, accident
- ▢ **D** Langue iranienne de l'Avesta

26. Laquelle de ces villes n'est pas belge ?
- ▢ **A** Namur
- ▢ **B** Tournai
- ▢ **C** Tourcoing
- ▢ **D** Bruxelles

27. Lesquels de ces noms sont masculins ?
- ▢ **A** Arcane
- ▢ **B** Auspices
- ▢ **C** Tique
- ▢ **D** Urticaire

28. Un seul de ces matériaux a une bonne dureté et une mauvaise résilience, lequel ?
- ▢ **A** L'acier
- ▢ **B** Le plastique
- ▢ **C** Le plomb
- ▢ **D** Le verre

29. Qu'est-ce qu'un « alcazar » ?
- ▢ **A** Une cruche ou un vase de terre poreuse
- ▢ **B** Une prison avec un quartier de haute sécurité
- ▢ **C** Un palais fortifié des Maures d'Espagne
- ▢ **D** Un grand oiseau palmipède des mers australes

30. De quel monument parisien Marc Chagall a-t-il peint le plafond ?
- ▢ **A** L'Opéra Garnier
- ▢ **B** Le Panthéon
- ▢ **C** Le Musée du Louvre

Entraînement intensif
Série 12

QCM 53

Pour toutes les questions, il y a une ou plusieurs réponses possibles.

1. Quelle est l'orthographe correcte ?
- ▢ **A** Cataslepsie
- ▢ **B** Chatalepsie
- ▢ **C** Catalepsie
- ▢ **D** Katalepsie

2. Quel est l'auteur du livre *Les Racines du ciel*, prix Goncourt en 1956 ?
- ▢ **A** Pierre Clostermann
- ▢ **B** Albert Camus
- ▢ **C** Louis-Ferdinand Céline
- ▢ **D** Romain Gary

3. Quel territoire a la plus grande superficie ?
- ▢ **A** L'Égypte
- ▢ **B** Le Groenland
- ▢ **C** L'Iran
- ▢ **D** Le Nigeria

4. En quelle année est mort le président de la République François Mitterrand ?
- ▢ **A** 1994
- ▢ **B** 1996
- ▢ **C** 1998
- ▢ **D** 2000

5. Laquelle des propositions ci-dessous est vraie ? Le crime en col blanc :
- ▢ **A** désigne un crime commis par une personne de haut rang dans le cadre de ses fonctions
- ▢ **B** fait référence à l'obligation de porter une chemise dans un tribunal
- ▢ **C** désigne la criminalité financière
- ▢ **D** est une notion plus sociologique que juridique

6. Qui est le maire de Londres en 2021 ?
- ▢ **A** Sadiq Khan
- ▢ **B** Theresa May
- ▢ **C** Boris Johnson
- ▢ **D** Tony Blair

7. Qu'est-ce que l'empreinte écologique ?
- ▢ **A** Les déchets produits par les sociétés humaines
- ▢ **B** L'évaluation de l'impact humain sur l'environnement
- ▢ **C** Les traces que les civilisations ont laissées dans l'Histoire
- ▢ **D** La mesure de l'impact d'une politique écologique

8. Qu'est-ce qu'un silure ?
- ▢ **A** Un insecte
- ▢ **B** Un poisson
- ▢ **C** Un serpent
- ▢ **D** Un oiseau

9. Qu'est-ce que la médaille Fields ?
- ▢ **A** Une médaille militaire attribuée aux pompiers disparus
- ▢ **B** Un prix récompensant une découverte médicale
- ▢ **C** Une récompense pour une innovation dans le domaine agricole
- ▢ **D** Un prix récompensant des travaux mathématiques

10. Qui est l'initiateur du décret du 27 avril 1848 abolissant définitivement l'esclavage en France ?
- ▢ **A** Maximilien Robespierre
- ▢ **B** Toussaint Laventure
- ▢ **C** Victor Schœlcher
- ▢ **D** Victor Hugo

11. Quel est le dernier pays à avoir rejoint l'Union européenne ?
- ▢ **A** La Croatie
- ▢ **B** L'Ukraine
- ▢ **C** La Roumanie
- ▢ **D** La Bulgarie

12. Dans lequel de ces pays le vote n'est-il pas obligatoire ?
- ▢ **A** La Belgique
- ▢ **B** La Grèce
- ▢ **C** La France
- ▢ **D** La Bulgarie

13. Depuis quelle date les Jeux olympiques et paralympiques sont-ils organisés successivement dans la même ville ?
- ▢ **A** 1968
- ▢ **B** 1988
- ▢ **C** 2008
- ▢ **D** 2018

14. Quand fut adoptée la Déclaration des Droits de l'Homme et du citoyen reprise en préambule de la Constitution de 1958 ?
- ▢ **A** 1785
- ▢ **B** 1789
- ▢ **C** 1792
- ▢ **D** 1793

15. Où les animaux « lapidicoles » construisent-ils leur nid ?
- ▢ **A** Dans les arbres
- ▢ **B** Sous terre
- ▢ **C** Dans l'eau douce
- ▢ **D** Sous les pierres

16. **Qui a composé l'opéra *La Flûte enchantée* ?**
- ▢ **A** Wolfgang Amadeus Mozart
- ▢ **B** Franz Schubert
- ▢ **C** Johannes Brahms
- ▢ **D** Antonio Salieri

17. **L'opération « Barbarossa » désigne :**
- ▢ **A** L'invasion de l'URSS par l'Allemagne du IIIe Reich
- ▢ **B** Une tentative d'assassinat visant Adolf Hitler
- ▢ **C** Un raid britannique sur la ville de Paris
- ▢ **D** L'envoi d'espions russes en Afrique du Nord

18. **Quelle est la plus haute juridiction administrative en France ?**
- ▢ **A** La Cour de cassation
- ▢ **B** Le Conseil d'État
- ▢ **C** La Cour des comptes
- ▢ **D** La Cour d'assises

19. **Où se situe le détroit de Magellan ?**
- ▢ **A** En Asie du Sud-Est
- ▢ **B** En Amérique centrale
- ▢ **C** En Amérique du Sud
- ▢ **D** Dans l'Arctique

20. **Pendant la Seconde Guerre mondiale, lequel de ces pays n'était pas une puissance de l'Axe ?**
- ▢ **A** Le Japon
- ▢ **B** L'Allemagne
- ▢ **C** L'Italie
- ▢ **D** La Norvège

21. **Dans quel sens tourne l'engrenage G ?**
- ▢ **A** Dans le même sens que les engrenages H et B
- ▢ **B** Dans le même sens que les engrenages A et J
- ▢ **C** Dans le même sens que les engrenages B et E
- ▢ **D** Dans le même sens que les engrenages E et J

22. **Compléter la série suivante : riz – maïs – gruau – avoine – ...**
- ▢ **A** épeautre
- ▢ **B** froment
- ▢ **C** orge
- ▢ **D** seigle

23. **Quel est le nombre manquant ?**

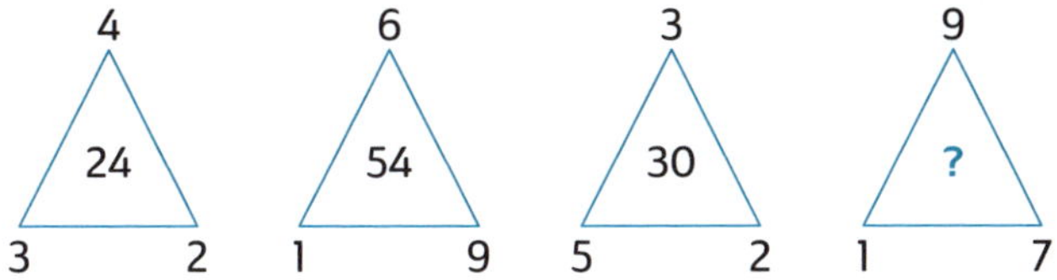

▢ **A** 4 ▢ **B** 49 ▢ **C** 63 ▢ **D** 81

24. **Quelle est la figure manquante ?**

▢ **A**  ▢ **B**  ▢ **C**  ▢ **D** 

25. **Confiture est à mirabelle ce que huile est à… ?**

▢ **A** friture
▢ **B** moteur
▢ **C** olive
▢ **D** vinaigre

26. **Quel est l'intrus ?**

▢ **A**  ▢ **B**  ▢ **C**  ▢ **D** 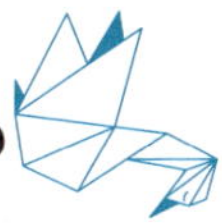

27. **Trouver la lettre manquante dans la suite alphanumérique suivante :**
412 = G – 837 = R – 919 = S – 623 = K – 503 = ?

▢ **A** H ▢ **C** J
▢ **B** I ▢ **D** K

28. **Considérant le quadrillage ci-contre :**
Si l'on déplace la case noire située en C2 successivement de deux cases vers la droite, trois cases vers le bas, une case vers la gauche et trois cases vers le haut, sa position finale sera :

▢ **A** - B2 ▢ **C** - D2
▢ **B** - B3 ▢ **D** - D3

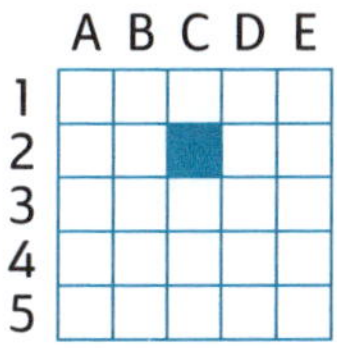

29. **La limace est pleine de malice, la souris sent le roussi et le caniche…**

▢ **A** sort de sa niche
▢ **B** leur cherche chicane
▢ **C** les réconcilie
▢ **D** n'a point de soucis

Entraînement intensif
Série 13

QCM 54

Pour toutes les questions, il y a une ou plusieurs réponses possibles.

1. L'instrument de musique en forme de fourche qui donne le « la » se nomme :
- ▢ **A** le trombone
- ▢ **B** le métronome
- ▢ **C** le diapason
- ▢ **D** la crécelle

2. Quel acteur français est décédé en 2019 de la maladie d'Alzheimer ?
- ▢ **A** Jean-Pierre Bacri
- ▢ **B** Jean-Paul Belmondo
- ▢ **C** Jean Reno
- ▢ **D** Jean-Pierre Marielle

3. « État modifié de conscience au cours duquel un individu est entre l'état de veille et de sommeil » est la définition :
- ▢ **A** du coaching
- ▢ **B** de la psychothérapie
- ▢ **C** de l'hypnose
- ▢ **D** de la sophrologie

4. The Big Apple est l'un des surnoms utilisés pour la ville de :
- ▢ **A** San Francisco
- ▢ **B** New York
- ▢ **C** Washington
- ▢ **D** Miami

5. En musique, combien faut-il de noires pour une blanche ?
- ▢ **A** 2
- ▢ **B** 4
- ▢ **C** 8
- ▢ **D** 16

6. Qu'est-ce qu'un ikigaï ?
- ▢ **A** Un poème japonais
- ▢ **B** Une philosophie de vie
- ▢ **C** Une personne qui prend des risques
- ▢ **D** Un lit posé sur le sol

7. Qu'est-ce qu'une gloriette ?

- ▢ **A** Un treillage sur lequel s'entrelacent des plantes grimpantes
- ▢ **B** Une célébrité régionale
- ▢ **C** Un bateau de plaisance
- ▢ **D** Une petite maison

8. Une petite embarcation permettant le déplacement entre un navire au mouillage et le rivage s'appelle :

- ▢ **A** un canot
- ▢ **B** un dériveur
- ▢ **C** une annexe
- ▢ **D** un optimist

9. Un scion est :

- ▢ **A** une race de chat
- ▢ **B** un petit tendon
- ▢ **C** une jeune branche
- ▢ **D** une plante biannuelle

10. Comment appelle-t-on la phobie du nombre 13 ?

- ▢ **A** La triskaïdékaphobie
- ▢ **B** L'émétophobie
- ▢ **C** L'hypnophobie
- ▢ **D** La kopophobie

11. Quelle est l'orthographe correcte ?

- ▢ **A** Hypochondriaque
- ▢ **B** Hypocondriaque
- ▢ **C** Hipocondriaque
- ▢ **D** Hippochondriaque

12. Quel est l'antonyme de précaire ?

- ▢ **A** Instable
- ▢ **B** Durable
- ▢ **C** Séculaire
- ▢ **D** Éphémère

13. Un garçon affirme : « J'ai autant de frères que de sœurs. » Sa sœur répond : « J'ai deux fois plus de frères que de sœurs. » Combien y a-t-il d'enfants dans cette famille ?

- ▢ **A** 4
- ▢ **B** 3
- ▢ **C** 7
- ▢ **D** 6

14. Qui a remporté la bataille de Marignan en 1515 ?

- ▢ **A** Henri II
- ▢ **B** François Ier
- ▢ **C** Henri III
- ▢ **D** Louis XII

15. Quelle partie du castor est plate et couverte d'écailles ?

- ▢ **A** Les oreilles
- ▢ **B** La queue
- ▢ **C** Le ventre
- ▢ **D** Le bout des pattes

16. Dans l'Antiquité, quel temple de l'Acropole d'Athènes fut décoré par le sculpteur Phidias ?

- ▢ **A** L'Érechthéion
- ▢ **B** Les Propylées
- ▢ **C** L'Odéon
- ▢ **D** Le Parthénon

17. Une hérésie est une :

- ▢ **A** tromperie
- ▢ **B** folie
- ▢ **C** forfaiture
- ▢ **D** dissidence

18. Quel sport pratique le pongiste ?

- ▢ **A** Le surf
- ▢ **B** Le tennis de table
- ▢ **C** La plongée
- ▢ **D** Le ski acrobatique

19. Quel type de nœuds n'existe pas ?

- ▢ **A** Le nœud d'arrêt
- ▢ **B** Le nœud de chaise
- ▢ **C** Le nœud de jambe de chien
- ▢ **D** Le nœud de fenêtre

20. De quel département Montpellier est-elle la ville préfecture ?

- ▢ **A** L'Aude
- ▢ **B** L'Aube
- ▢ **C** Le Gard
- ▢ **D** L'Hérault

21. Un cep est :

- ▢ **A** un pied de vigne
- ▢ **B** un frein de charrue
- ▢ **C** une personne attachée à la terre
- ▢ **D** une mesure agraire

22. Quel site de la région Auvergne Rhône-Alpes est-il désormais inscrit au patrimoine mondial de l'UNESCO ?

- ▢ **A** La chaîne des Puys – Faille de la Limagne
- ▢ **B** Le lac d'Annecy
- ▢ **C** Le viaduc de Garabit
- ▢ **D** L'église de Saint-Nectaire

23. **Woodstock est un festival de musique :**
- ▢ **A** hippie
- ▢ **B** punk
- ▢ **C** métal
- ▢ **D** country

24. **En solfège, combien existe-t-il de clés principales ?**
- ▢ **A** 2
- ▢ **B** 3
- ▢ **C** 4
- ▢ **D** 5

25. **Quel est le cri du crapaud ?**
- ▢ **A** Le cacabement
- ▢ **B** Le coassement
- ▢ **C** Le croassement
- ▢ **D** Le criquètement

26. **Trouvez le mot bien orthographié.**
- ▢ **A** Fragmentère
- ▢ **B** Cadduque
- ▢ **C** Coniphère
- ▢ **D** Cacochyme

27. **Le monstre du Loch Ness mesure 20 mètres plus la moitié de sa propre longueur. Quelle taille fait le monstre ?**
- ▢ **A** 22 mètres
- ▢ **B** 30 mètres
- ▢ **C** 35 mètres
- ▢ **D** 40 mètres

28. **Quel pape a béatifié Jean XXIII et Pie IX ?**
- ▢ **A** Benoît XVI
- ▢ **B** Jean-Paul II
- ▢ **C** Pie XII
- ▢ **D** Jean-Paul Ier

29. **Quel cinéaste a réalisé les films *Amadeus* et *Vol au-dessus d'un nid de coucou* ?**
- ▢ **A** David Lynch
- ▢ **B** Steven Spielberg
- ▢ **C** Milos Forman
- ▢ **D** Ron Howard

30. **Sur un bâton de ski, quel mot désigne la courroie de sécurité où l'on passe le poignet ?**
- ▢ **A** Le boudin
- ▢ **B** La poignée
- ▢ **C** La dragonne
- ▢ **D** Le licol

Entraînement intensif
Série 14

QCM 55

Pour toutes les questions, il y a une ou plusieurs réponses possibles.

1. Quel pays n'était pas signataire du traité de 1951 instituant la Communauté européenne du charbon et de l'acier (CECA) ?
- ▢ **A** La République fédérale d'Allemagne
- ▢ **B** L'Italie
- ▢ **C** Les Pays-Bas
- ▢ **D** Le Royaume-Uni

2. Dans le vocabulaire numérique, que signifie le sigle FAI ?
- ▢ **A** Fournisseur d'accès à Internet
- ▢ **B** Fichier d'authentification d'identité
- ▢ **C** Formation aux antivirus informatiques
- ▢ **D** Forum accessible par Internet

3. Qu'est-ce qu'une ordonnance au sens de l'article 38 de la Constitution de la Ve République ?
- ▢ **A** Un texte proposé par un député ou un sénateur et adopté selon la procédure d'examen simplifiée
- ▢ **B** Un texte par lequel le gouvernement prend des mesures qui sont normalement du domaine de la loi
- ▢ **C** Un acte juridictionnel rendu par un magistrat statuant seul
- ▢ **D** Une décision par laquelle le président de la République nomme aux emplois supérieurs de l'État

4. Sur une carte des États-Unis, où peut-on localiser l'État de Washington ?
- ▢ **A** Sur la côte ouest
- ▢ **B** Sur la côte est
- ▢ **C** À la frontière mexicaine
- ▢ **D** Le long du Mississippi

5. Quel moine a été à l'origine de l'autodafé de Florence du 7 février 1497 ?
- ▢ **A** Guillaume de Baskerville
- ▢ **B** Grigori Raspoutine
- ▢ **C** Jérôme Savonarole
- ▢ **D** Tomas de Torquemada

6. Lequel de ces États n'est pas membre permanent du Conseil de sécurité des Nations unies ?
- ▢ **A** Le Canada
- ▢ **B** La Chine
- ▢ **C** La Russie
- ▢ **D** La France

7. Lequel de ces châteaux ne se situe pas dans la vallée de la Loire ?

- ▢ **A** Azay-le-Rideau
- ▢ **B** Chambord
- ▢ **C** Chenonceau
- ▢ **D** Fontainebleau

8. Dans une allocution restée célèbre, Charles de Gaulle a dénoncé un « quarteron de généraux en retraite ». Ce discours a été prononcé :

- ▢ **A** dans le cadre d'un appel à la Résistance, lancé depuis Londres le 18 juin 1940
- ▢ **B** lors d'une première visite officielle en Algérie en juin 1958
- ▢ **C** suite à une tentative de coup d'État à Alger, en avril 1961
- ▢ **D** suite aux grèves et manifestations de mai 1968, en France

9. Laquelle de ces villes françaises n'a jamais accueilli les Jeux olympiques d'hiver ?

- ▢ **A** Albertville
- ▢ **B** Annecy
- ▢ **C** Chamonix
- ▢ **D** Grenoble

10. En France, laquelle de ces catégories de lois n'est pas votée par le Parlement ?

- ▢ **A** Lois référendaires
- ▢ **B** Lois organiques
- ▢ **C** Lois de finances
- ▢ **D** Lois de programmation

11. Charlotte Corday est restée célèbre pour avoir :

- ▢ **A** rédigé une « Déclaration des Droits de la Femme et de la Citoyenne », en 1792
- ▢ **B** assassiné Jean-Paul Marat, en 1793
- ▢ **C** été la première femme française à voter, en 1848
- ▢ **D** été l'une des militantes les plus actives de la Commune de Paris, en 1871

12. Lequel de ces peintres n'est pas associé au fauvisme ?

- ▢ **A** Georges Braque
- ▢ **B** Henri Matisse
- ▢ **C** Le Douanier Rousseau
- ▢ **D** Victor Vasarely

13. Quel palais des rois de France a été détruit par un incendie en 1871 ?

- ▢ **A** Le Palais des Tuileries
- ▢ **B** Le Palais Bourbon
- ▢ **C** Le Palais d'Iéna
- ▢ **D** Le Petit Palais

14. **Qui a composé l'opéra intitulé *L'Anneau des Nibelungen*, plus connu sous le nom de *Tétralogie* ?**
- ▢ **A** Wolfgang Amadeus Mozart
- ▢ **B** Giacomo Puccini
- ▢ **C** Giuseppe Verdi
- ▢ **D** Richard Wagner

15. **En septembre 1944, dans quelle ville allemande s'est réfugié le gouvernement de Vichy face à l'avancée des troupes alliées ?**
- ▢ **A** Baden-Baden
- ▢ **B** Berlin
- ▢ **C** Nuremberg
- ▢ **D** Sigmaringen

16. **Dans quel pays a lieu la Coupe du monde de football de 2022 ?**
- ▢ **A** La France
- ▢ **B** Le Japon
- ▢ **C** Le Qatar
- ▢ **D** Les Émirats arabes unis

17. **En économie, qui est considéré comme le chef de file de l'École monétariste dite « de Chicago » ?**
- ▢ **A** Milton Friedman
- ▢ **B** John Kenneth Galbraith
- ▢ **C** John Maynard Keynes
- ▢ **D** Joseph Stiglitz

18. **« Homme politique français, favorable à l'expansion coloniale, j'ai occupé, notamment, les fonctions de ministre de l'Instruction publique et de président du Conseil, parfois simultanément. À cette occasion, j'ai donné mon nom à une série de lois sur l'école primaire publique. Je suis… » :**
- ▢ **A** Luc Ferry
- ▢ **B** Georges Clémenceau
- ▢ **C** Jules Ferry
- ▢ **D** Pierre Mendès-France

19. **Qui fut le premier homme à marcher sur la Lune ?**
- ▢ **A** Billie Joe Armstrong
- ▢ **B** Lance Armstrong
- ▢ **C** Louis Armstrong
- ▢ **D** Neil Armstrong

20. **Dans *La Chanson de Roland*, quel est le nom de l'épée mythique ?**
- ▢ **A** Excalibur
- ▢ **B** Joyeuse
- ▢ **C** Durandal
- ▢ **D** Damoclès

21. **Complétez cette suite :**

3 0 4 ?

- ▢ **A** 1
- ▢ **B** 2
- ▢ **C** 4
- ▢ **D** 5

22. **Complétez la suite : 1 – 4 – 16 – 64 – ? – 1024**

- ▢ **A** 68
- ▢ **B** 80
- ▢ **C** 256
- ▢ **D** 512

23. **Pierre, Sophie, Luc, Aude et Léa sont assis sur la même rangée au spectacle. Qui est assis à côté de Pierre ? On sait que : Sophie et Aude sont assises côte à côte ; Luc et Pierre sont assis aux extrémités ; Léa est assise à côté de Luc ; Aude est assise au centre.**

- ▢ **A** Sophie
- ▢ **B** Luc
- ▢ **C** Aude
- ▢ **D** Léa

24. **Quel domino doit être ajouté ?**

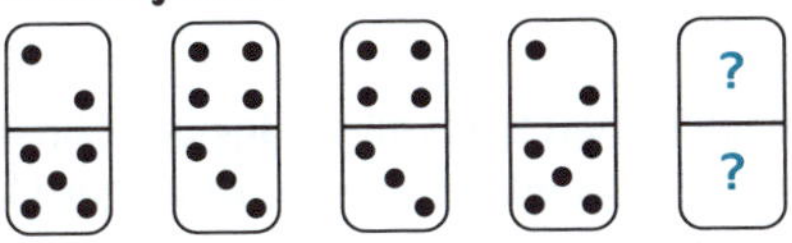

▢ **A** 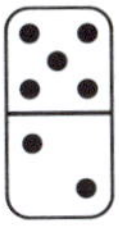 ▢ **B** 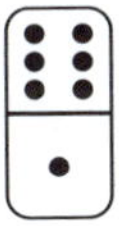 ▢ **C** 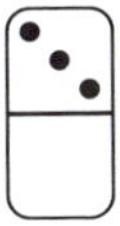 ▢ **D** 

25. **Quelle horloge complète la suite logique ?**

▢ **A**  ▢ **B**  ▢ **C**  ▢ **D** 

26. **Trouvez la lettre manquante : E(5) – L(12) – R(18) – ? (24)**
- ▢ **A** M
- ▢ **B** S
- ▢ **C** V
- ▢ **D** X

27. **Combien de roues tournent dans le même sens que la roue A ?**

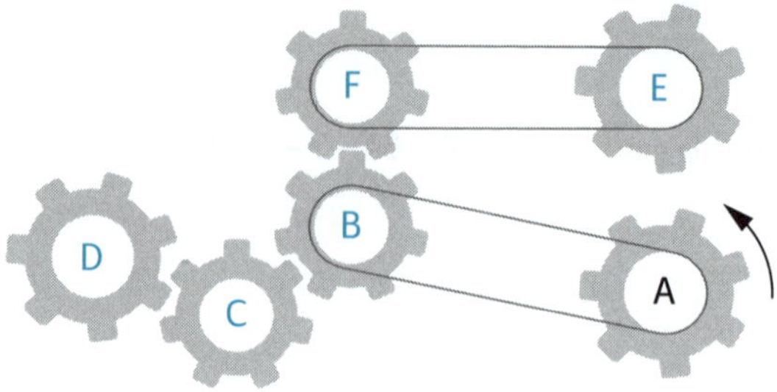

- ▢ **A** 0
- ▢ **B** 1
- ▢ **C** 2
- ▢ **D** 3

28. **Complétez la série : Gap – Nice – Paris – ?**
- ▢ **A** Bordeaux
- ▢ **B** Marseille
- ▢ **C** Nîmes
- ▢ **D** Rennes

29. **En 2008, Théophile était 5 fois moins âgé que Christophe qui est né 36 ans avant Maelle. Quel est l'âge de Théophile sachant que Maelle a 11 ans en 2020 ?**
- ▢ **A** 15 ans
- ▢ **B** 18 ans
- ▢ **C** 19 ans
- ▢ **D** 20 ans

30. **Un TGV roule sur une ligne à grande vitesse 40 % plus vite que sur une ligne normale. Quelle est la vitesse moyenne du TGV sachant qu'il parcourt 480 km en 2 heures ?**
- ▢ **A** 200 km/h
- ▢ **B** 240 km/h
- ▢ **C** 320 km/h
- ▢ **D** 340 km/h

Partie 7

CORRIGÉS

CORRIGÉS QCM 1

1. B – Chrétien de Troyes était l'un des premiers représentants de la littérature courtoise (XIIe siècle) qui avait pour thème l'amour profond entre un prétendant et sa dame, qui se termine souvent par un drame (comme l'histoire de Tristan et Iseult, auteur inconnu).

2. C – Ils étaient appelés « trouvères » dans le Nord (langue d'oïl) et troubadours dans le Sud (langue d'oc).

3. A – Autant François Villon est auteur de façon certaine de *La Ballade des pendus*, autant *La Chanson de Roland* est « attribuée » à Turold. Pour le *Roman de la Rose*, Guillaume de Lorris l'a bien commencé (1237), mais c'est Jean de Meung qui l'a achevé à la fin du XIIIe siècle. *Le Roman de Renart* est un recueil de poèmes de plusieurs auteurs.

4. D – Le lai est une forme de poésie apparue au XIIe siècle.

5. C

6. A – Peut-être à l'origine de l'expression « revenons à nos moutons »...

7. A – Au XVe et XVIe siècles, on appelait « humanistes » les savants et les littérateurs qui remirent en honneur les chefs-d'œuvre de l'antiquité classique.

8. C – *Hamlet* (1601) est un drame en cinq actes. William Shakespeare (1564-1616) est considéré comme le plus grand poète, dramaturge et écrivain de la culture anglo-saxonne. Ses tragédies les plus connues sont : *Roméo et Juliette, Macbeth, Le Roi Lear, Hamlet, Othello*.

9. D – La *Vie inestimable du Grand Gargantua* est un roman de Rabelais (1534). Postérieur à *Pantagruel* (1532), cet ouvrage raconte l'histoire du père après celle du fils. Le géant Gargantua, fils de Grandgousier et de Gargamelle, était le héros connu de *Chroniques populaires anonymes*.

10. C – Joachim du Bellay (1522-1560), cousin de Jean du Bellay, a écrit *Les Antiquités de Rome, L'Olive, Les Regrets,* etc.

11. B – Il fut bien magistrat, mais à Bordeaux. Michel de Montaigne (1533-1592) est l'héritier de l'humanisme.

12. C – La Pléiade, dont la plus célèbre est celle de la Renaissance française, réunit autour de Ronsard et de Du Bellay : Rémi Belleau, Jodelle, Baïf, Pontus de Tyard, et Peletier du Mans, qui fut remplacé à sa mort par Dorat.

13. A – Pierre Corneille, poète dramatique français (1606-1684), est aussi l'auteur de *Mélite*, *Horace*, *Atilla*, etc.

14. A B – Le XVIIe siècle connaît deux grands courants artistiques : le baroque, caractérisé par l'exubérance des formes, la théâtralisation du monde et des êtres, et le classicisme qui prône davantage un respect des règles et du vraisemblable. Certains auteurs ont d'ailleurs excellé dans les deux tendances ; ainsi Corneille avec *Le Cid* (classique) et *L'Illusion comique* (baroque).

15. D – *Le Misanthrope* est une comédie en vers (en cinq actes) de Molière (1666).

16. C – Dans *Les Caractères* (1688), Jean de La Bruyère, écrivain français (1645-1696), se livre à une analyse psychologique, sociale et politique de ses contemporains de la fin du XVIIe siècle.

17. B – Le *Discours de la méthode pour bien conduire sa raison et chercher la vérité dans les sciences*, ouvrage de René Descartes de 1637, était destiné à servir de préface à trois traités, la *Dioptrique*, les *Météores* et la *Géométrie*. René Descartes (1596-1650) était un philosophe et mathématicien français.

18. C – Jean-Baptiste Poquelin, dit Molière, auteur dramatique français (1622-1673), meurt sur scène en jouant *Le Malade imaginaire*.
19. B C – Victor Hugo (1802-1885) et Alfred de Musset (1810-1857).
20. B – François-Marie Arouet (1694-1778), dit Voltaire, est effectivement contemporain de Jean-Jacques Rousseau (1712-1778). Charles Baudelaire, Victor Hugo et Émile Zola sont des auteurs du XIXe siècle.
21. A – *Le Contrat social* (1762) est un ouvrage de Jean-Jacques Rousseau.
22. A – François de Salignac de La Mothe-Fénelon (1651-1715), prélat français, a écrit *Les aventures de Télémaque, Dialogue des morts*, etc.
23. A B C E – *Le Traité d'économie à l'usage des Princes* n'existe pas.
24. C – Pierre Carlet de Chamblain de Marivaux (1688-1763) est l'auteur de *La Double Inconstance* et *Le Jeu de l'amour et du hasard*. Il a donné naissance au « marivaudage », terme qui désigne certaines relations humaines.
25. D – Créé par Marcel Pagnol, Panisse est devenu célèbre grâce à la partie de cartes entre Marius, Panisse, Brun et Escartefigue dans *Marius*. Alphonse Daudet (1840-1897) a écrit *Les Lettres de mon moulin, Tartarin de Tarascon, Le Nabab, L'Immortel*, etc.
26. B – Alphonse de Lamartine, poète et homme politique français (1790-1869), a écrit les *Méditations poétiques, La Mort de Socrate, Jocelyn, La Chute d'un ange*, etc.
27. B – Paul Verlaine (1844-1896) a créé une œuvre poétique lyrique faisant alterner sensations, impressions, rythmes et sentiments universels. Sa relation tumultueuse avec le poète Rimbaud et sa vie de bohême font partie des mythes de la littérature française.
28. B – François René, vicomte de Chateaubriand (1768-1848), était un écrivain et homme politique français. *La Légende des siècles* est un recueil de poèmes publiés par Victor Hugo en trois séries (1859, 1877, 1883). C'est une épopée évoquant l'évolution de l'humanité, d'Ève à un XXe siècle rêvé.
29. B – *La Chartreuse de Parme* (1839) est un roman de Henri Beyle (1783-1842), dit Stendhal, illustrant à travers les aventures de Fabrice del Dongo, jeune aristocrate italien épris de liberté, le thème stendhalien fondamental de la « chasse au bonheur ».
30. E – *Voyelles* (1871) est le plus célèbre des poèmes d'Arthur Rimbaud (1854-1891) qui a également écrit les poèmes *Illuminations*, *Une Saison en enfer*.
31. A – Daniel Pennac (1944-) a écrit une série de romans policiers rocambolesques : *Au bonheur des ogres*, *La Fée carabine*, *La Petite Marchande de prose*, *Monsieur Malaussène*, etc. La saga des Malaussène (*Au bonheur des ogres, La Fée carabine, La Petite Marchande de prose*) tient une place particulière dans l'œuvre de Daniel Pennac.
32. C – François Nourissier (1927-2011) a été élu à l'Académie Goncourt en 1977, mais jamais à l'Académie française. Créée en 1634, l'Académie française regroupe des lettrés mais aussi des hommes d'État, des médecins et des avocats en vue de défendre la langue française.
33. A – Gao Xingjian lauréat du prix Nobel de littérature en 2000 ; Harold Pinter en 2005 ; Herta Müller en 2009.
Stephen King (1947-), romancier américain, est l'auteur de *La Tour sombre*, *Le Fléau* et du roman *Shining*.
34. D – *Le Grand Meaulnes* (1913) est une œuvre d'Henri Alban Fournier dit Alain-Fournier (1886-1914) ; c'est un roman initiatique qui mêle le merveilleux à la réalité.
35. D – Jacques Prévert (1990-1977) est l'auteur de *Paroles* (1946), *Spectacle* (1951), *La Pluie et le Beau Temps* (1972).

36. A D – Albert Camus (1913-1960) a écrit *L'Étranger* (1942), illustration d'une de ses thématiques privilégiées, l'absurde, et *La Peste* (1947), évocation symbolique de la condition humaine. *La Nausée* est un roman de Jean-Paul Sartre. *Pour qui sonne le glas* est un roman d'Ernest Hemingway.

CORRIGÉS QCM 2

1. D – Gabriel García Márquez (1928-2014) est un écrivain colombien.
2. C – Aldo Naouri (1937-), pédiatre et spécialiste des relations intrafamiliales, s'est penché sur les rapports mères-filles.
3. B – *La Conjuration des imbéciles* est le seul ouvrage que n'a pas écrit Milan Kundera. C'est un roman de John Kennedy Tool. Milan Kundera (1929-) est un écrivain tchèque naturalisé français.
4. D – Alexandre Soljenitsyne (1918-2008) est un écrivain russe. *Souvenirs de la maison des morts* est un roman de Fedor Dostoïevski.
5. D – *Le Vieil Homme et la Mer* (1952) est un roman d'Ernest Hemingway (1899-1961) qui était un écrivain américain.
6. C – Eugène Ionesco (1909-1994) était un auteur dramatique français d'origine roumaine. Dostoïevski, Tchekhov et Tolstoï sont trois écrivains russes du XIXe siècle.

CORRIGÉS QCM 3

1. A B D – Les dolmens sont composés de deux ou plusieurs énormes blocs de pierre placés verticalement et surmontés d'un ou plusieurs monolithes constituant le toit. Ils sont particulièrement nombreux dans le nord-ouest de la France, surtout en Bretagne, mais aussi en Irlande, au pays de Galles, dans certains comtés anglais, et dans le sud de l'Espagne. Les menhirs sont des pierres allongées dressées verticalement.
2. B – La chapelle Sixtine, érigée à partir de 1475 sur la décision de Sixte IV, est l'une des salles des palais pontificaux du Vatican. C'est une vaste salle de 40 m sur 13,5 m, d'une hauteur de 21 m qui présente, de l'extérieur, l'aspect austère d'une église forteresse.
3. A C D – Le musée de l'Ermitage occupe un ensemble de palais (XVIIIe-XIXe siècles) dont le plus vaste et le plus somptueux est le palais d'Hiver. On peut y découvrir de l'archéologie, des arts orientaux, des arts décoratifs, des peintures occidentales.
4. A – La construction de Notre-Dame de Paris a débuté en 1163 et s'est achevée en 1344. Napoléon Bonaparte y a été sacré empereur des Français, en présence du pape Pie VII, en décembre 1804. En avril 2019, un gigantesque incendie emporte les deux tiers de la toiture ainsi que la flèche de la cathédrale.
5. B C – La Tour Eiffel est un monument métallique érigé par Gustave Eiffel sur le Champ-de-Mars à Paris, pour l'Exposition universelle de 1889.
6. A B D – Jean Nouvel a aussi rénové le théâtre de Belfort et l'Opéra de Lyon ; il est entre autres à l'origine de la Philharmonie de Paris et du Louvre Abou Dhabi.

CORRIGÉS QCM 4

1. D – Théodore Géricault (1791-1824) est un peintre français. *Le Radeau de la Méduse* (1819) est une huile exposée au musée du Louvre à Paris. Cette œuvre représente, dans leur nudité et leur détresse, des naufragés vivants, dressés en pyramide sur les morts. Outre son sens premier de symbole de courage et d'espérance, cette peinture peut également donner lieu à une lecture politique et sociologique.

2. A – *L'Origine du monde* (1866) est exposée au Musée d'Orsay à Paris. Cette toile représente de manière très réaliste le sexe et le ventre d'une femme allongée nue sur un lit.

3. B – Cette série de toiles de Vincent Van Gogh (1888-1889) est exposée au musée Van Gogh à Amsterdam.

4. C – Le Salon des Refusés était une exposition artistique occasionnelle se tenant à Paris dans la seconde partie du XIXe siècle. Dans les années 1860, les jeunes artistes de tendance réaliste et impressionniste virent leurs œuvres progressivement refusées par l'Académie des Beaux-arts et le Salon officiel de Paris. Le premier Salon des Refusés, en 1863, fut l'occasion pour Édouard Manet de présenter son *Déjeuner sur l'herbe* (qui fut censuré par la suite).

5. C – Paul Cézanne (1839-1906) était un impressionniste français considéré comme le précurseur de l'art moderne. On lui doit notamment un cycle de peintures sur la montagne Sainte-Victoire.

6. C – Michel-Ange (1475-1564) était un peintre, sculpteur, poète et architecte italien de la Renaissance. En 1508, il commence la décoration historiée de l'ensemble de la voûte : il s'agit de neuf scènes tirées du livre de la Genèse, commençant par Dieu séparant la lumière des ténèbres et comprenant *La Création d'Adam*, *La Création d'Ève*, *La Tentation*, *La Chute d'Adam et Ève*, et *Le Déluge*. En 1481, ce sont Sandro Botticelli, Le Pérugin, Ghirlandaio et Rosselli qui décorèrent les murs latéraux de la chapelle Sixtine.

CORRIGÉS QCM 5

1. C – *Le Penseur* (1904) fut présenté au public en 1888, puis dans sa forme agrandie au Salon de 1904. La version en bronze qui est devenue l'œuvre la plus célèbre de Rodin fut érigée en 1906 devant le Panthéon, à Paris, puis transférée, en 1922, dans la cour d'honneur du musée Rodin.

2. A – *La Victoire de Samothrace* est une sculpture représentant la déesse Athéna Niké, elle est exposée au musée du Louvre.

3. C – *La Vénus de Milo* est une célèbre sculpture grecque de l'époque hellénistique (IVe-Ier siècle avant J.-C.) représentant la déesse Aphrodite (Vénus pour les Romains). Elle est conservée au musée du Louvre.

4. A B C D – Élève et amie d'Auguste Rodin (*Buste de Rodin*, bronze, 1888, musée Rodin), Camille Claudel subit son ascendant jusqu'à leur séparation (1893) dans des sculptures comme *L'Abandon* (marbre, 1888, musée Rodin) ou *La Valse* (bronze, 1893).

5. B – Alberto Giacometti (1901-1966) est un sculpteur et peintre suisse, qui a donné sa principale expression sculpturale au surréalisme, avant d'évoluer vers une forme parfaitement singulière de représentation de la figure humaine.

6. C – Bartholdi était un sculpteur du XIXe siècle alors que Calder (mobiles), César (compressions) et Brancusi sont des sculpteurs du XXe siècle.

CORRIGÉS QCM 6

1. C – La guitare hawaïenne est apparue en Polynésie au XIXe siècle, d'après un modèle de guitare portugaise. Elle a connu son heure de gloire dans les années 1920 ; elle apportait une touche exotique aux orchestres de variété.
2. B – Maria Callas (1923-1977) était une chanteuse d'opéra d'origine grecque. Elle a débuté à 17 ans dans *Boccace*, de Franz Suppé. Elle s'est produite sur les plus grandes scènes du monde : New York, Londres, Paris, Milan, Venise et Rome.
3. A C – Stéphane Grappelli (1908-1997), violoniste, pianiste, compositeur de jazz français a créé en 1934 avec Django Reinhart le *Quintette à cordes du Hot Club de France* qui devient rapidement l'emblème du jazz français.
4. D – Dans le solfège, la portée est un ensemble de cinq lignes horizontales (donc quatre interlignes) permettant de représenter les hauteurs. Elle est destinée à recevoir les notes ainsi que les silences, les clés, les altérations, etc.
5. A B C – Herbert Von Karajan (1908-1989) fut un chef d'orchestre autrichien. Il a été directeur artistique de l'Opéra de Vienne et non de Paris.
6. A
7. C – *L'Ode à la joie*, encore appelée *Hymne à la joie*, est une pièce chantée du quatrième et dernier mouvement de la *9e symphonie* de Beethoven. L'introduction instrumentale de ce mouvement a été adoptée en 1972 par le Conseil de l'Europe comme hymne de l'Europe, puis en 1985 comme hymne officiel par les chefs d'État et de gouvernement de l'Union européenne.
8. D – S'inspirant du théâtre lyrique, Puccini (1858-1924) composa trois œuvres qui ont connu une extraordinaire popularité : *La Bohème*, *Tosca* et *Madame Butterfly*.
9. D – Cette réponse peut se déduire des dates de naissance et mort de ces grands compositeurs : F. Liszt (1811-1886), J.-S. Bach (1685-1750), F. Schubert (1797-1828), L. Van Beethoven (1770-1827) et F. Chopin (1810-1849).
10. C
11. B – Gioacchino Rossini (1792-1868), compositeur italien, est le plus célèbre auteur d'opéras de son époque. Le premier succès du compositeur, *Le Barbier de Séville* (1816), opéra-comique, qui demeure le plus célèbre de ses opéras, a été écrit en treize jours.
12. C – Francis Poulenc (1899-1963) était un compositeur et pianiste français, membre du groupe des Six. Les Six était un groupe de compositeurs célèbres qui écrivaient en France dans la première moitié du XXe siècle. Leur musique était essentiellement une réaction contre l'impressionnisme et le wagnérisme. Ils étaient très influencés par les idées d'Erik Satie et de Jean Cocteau.
13. C – Lionel Hampton (1909-2002) était un vibraphoniste, un pianiste, un batteur, un chanteur, un chef d'orchestre et un compositeur de jazz américain.
14. D – Charles Trenet (1913-2001), auteur-compositeur français, a obtenu ses premiers succès en 1937 avec *Je chante* et *Y a d'la joie*. Il a aussi interprété *Boum*, *La Mer*, *Douce France*, *L'Âme des poètes*, etc.
15. A B – La tecktonik est une danse fondée sur des mouvements atypiques adaptés au rythme de la musique hard style. La tecktonik, encore appelée danse electro ou vertigo, est une danse inspirée du hip hop.
16. C – Le slam est un art d'expression populaire oral, déclamatoire, qui se pratique dans des lieux publics comme les bars ou lieux associatifs, sous forme de joutes oratoires.

17. A – Claude François (1939-1978), chanteur français, était également parolier. Il connut le succès à partir de 1962 avec la vague « yéyé » et son premier tube *Belles, belles, belles*.
18. A – Les Beatles sont un groupe britannique de rock et de pop formé en 1960 à Liverpool par Paul McCartney (basse, chant), John Lennon (guitare, chant), George Harrison (guitare, chant) et Pete Best, remplacé en 1962 par Ringo Starr (batterie).
19. C – Lucien Ginzburg (1928-1991), dit Serge Gainsbourg, était chanteur, compositeur et parolier. En 1958, *Le Poinçonneur des Lilas* le révèle au grand public. En 1969, il rencontre Jane Birkin, avec qui il forme un couple qui défraie la chronique avec la chanson *Je t'aime moi non plus*. Il compose ensuite *L'Homme à la tête de chou*, *Aux armes et cætera*, *La Javanaise*, *Élisa*, *Aux enfants de la chance*, etc.

CORRIGÉS QCM 7

1. D – *Belphégor, le Fantôme du Louvre* est un film de Jean-Paul Salomé, sorti en 2001.
2. B – *Peur sur la ville* (1975) est un film franco-italien réalisé par Henri Verneuil. François Truffaut (1932-1984), cinéaste français, a remporté un grand succès avec *Les Quatre Cents Coups* (1959), œuvre qui participe à la renommée du mouvement de la Nouvelle Vague.
3. D – *Le Vieux Fusil* (1975) est un film de guerre de Robert Enrico avec Philippe Noiret et Romy Schneider, inspiré du massacre d'Oradour-sur-Glane.
4. B – Sorti en décembre 1937, *Blanche-Neige et les Sept Nains* est le premier long-métrage d'animation sonore et en couleur de l'histoire du cinéma.
5. C – Charles Laughton a réalisé *La Nuit du chasseur* en 1955.
6. B – Joseph Mankiewicz a réalisé *Cléopâtre* en 1963. Monica Belluci incarne Cléopâtre dans *Astérix et Obélix : mission Cléopâtre* (2002).
7. C – Vanessa Paradis a interprété *Le Tourbillon de la vie*, chanson du film *Jules et Jim*, en hommage à Jeanne Moreau alors présidente du jury du festival de Cannes. Jeanne Moreau (1928-2017), actrice française, a commencé à la Comédie Française puis elle a fait une grande carrière au cinéma avec des films comme *Ascenseur pour l'échafaud*, *Les Amants*, *Jules et Jim*, *Le Journal d'une femme de chambre*, *Cet amour-là*, etc.
8. B – *La Boum* est un film de Claude Pinoteau sorti en 1980. Lambert Wilson a joué dans *La Boum 2* (1982).
9. A C D – Marion Cotillard a reçu l'Award de la meilleure actrice dans un film musical ou une comédie, le British Academy Film Award, le César de la meilleure actrice et l'Oscar de la meilleure actrice pour son interprétation d'Édith Piaf dans *La Môme*, film d'Olivier Dahan (2007).
10. B – *L'Idéaliste* (1997) est un film américain réalisé par Francis Ford Coppola. Luc Besson (1959-), réalisateur, producteur et scénariste français, a aussi réalisé *Le Grand Bleu* (1988).
11. D – *Le Fabuleux Destin d'Amélie Poulain* (2001), réalisé par Jean-Pierre Jeunet, est une fable poétique qui prend comme décor le quartier de Montmartre à Paris.
12. D – *Sailor et Lula* (1990) est un film de David Lynch. *No Country for Old Men* (2007) a été récompensé par quatre Oscars : meilleur film, meilleur acteur dans un second rôle, meilleur réalisateur, meilleur scénario adapté.

13. A – L'action de *Avatar* se déroule en 2154 sur Pandora, une planète proche de la Terre, où les humains subissent une crise énergétique. Afin de la résoudre, ses habitants commencent à coloniser Pandora. Parce que l'atmosphère de cette planète gazeuse est toxique, les humains créent le programme « Avatar », qui leur permet de lier leur esprit à un avatar...

CORRIGÉS QCM 8

1. B – Robert Doisneau (1912-1994) était un photographe français, célèbre pour ses clichés de la vie parisienne empreints de douceur et de mélancolie. Parmi les publications de Doisneau, on peut citer : *La Banlieue de Paris,* sur un texte de B. Cendrars (1949-1950), *Instantanés de Paris* (1955), *Le Paris de Robert Doisneau et Max-Pol Fouchet* (1974), *Le Mal de Paris,* sur un texte de Clément Lepidis (1980).
2. B – Talbot mit au point un procédé photographique passant par un support négatif à partir duquel l'on pouvait obtenir un nombre illimité de tirages.
3. A – Yann Arthus-Bertrand est un photographe, journaliste, reporter et militant écologiste français.
4. B – f/64 correspond à l'ouverture du diaphragme d'un objectif qui assure la plus grande profondeur de champ. Ce groupe prônait la perfection du tirage photographique et la précision rigoureuse du rendu.
5. C – François Arago présente à l'Académie des sciences le daguerréotype, une amélioration de l'invention de Niepce et de Daguerre qui réduit le temps de pose à une demi-heure. Même si ces images ne pouvaient être produites qu'en un seul exemplaire à la fois pour un résultat d'une qualité aléatoire, la longue histoire de la photographie est en marche.
6. D – Roger Fenton (1819-1869) est l'un des premiers correspondants de guerre ; il a réalisé des images de la guerre de Crimée (1853-1856).

CORRIGÉS QCM 9

1. C – *Astérix le Gaulois* est une série de bande dessinée de René Goscinny (scénario) et Albert Uderzo (dessin), créée en 1959. Après la mort de René Goscinny (1977), Albert Uderzo poursuit seul la série, puis passe la main en 2013 à Jean-Yves Ferry pour le scénario et Didier Conrad pour les dessins.
2. C – Du plus petit au plus grand, les frères Dalton sont Joe, William, Jack et Averell. Leur première apparition date de 1958 dans *Les Cousins Dalton*.
3. C D – Parallèlement à *Astérix*, René Goscinny a créé *Lucky Luke* (1955) avec le dessinateur Morris, *Le Petit Nicolas* (1956) avec Sempé, *Modeste et Pompon* avec Franquin, *Iznogoud* (1962) avec Tabary. *Achille Talon* (1963) a été par Greg et *Blake et Mortimer* (1946) par Edward Pierre Jacobs.
4. A – Bianca Castafiore est le seul personnage féminin dans l'univers de *Tintin*, complètement masculin.
5. D – *Les Simpson* est une série d'animation américaine créée en 1989 par Matt Groening. Les Simpson, famille américaine moyenne, vivent à Springfield : on retrouve Homer, le père, Marge, la mère, leur fils, Bart, et leur fille, Lisa.
6. C – Boule et Bill de Jean Roba sont les personnages principaux de la bande dessinée humoristique du même nom (1959).

CORRIGÉS QCM 10

1. C – Thor est le dieu scandinave du tonnerre.
2. D – Dalila découvrit le secret de Samson, dont la force résidait dans les cheveux, les coupa afin de le livrer sans défense aux Philistins.
3. A B C – Dans la mythologie grecque, Héraclès est un demi-dieu célèbre pour son courage, sa force exceptionnelle et ses nombreux exploits légendaires. Il est assimilé à Hercule par les Romains.
4. B – Dans la mythologie scandinave, les walkyries étaient des vierges guerrières qui servaient Odin, maître des dieux.
5. B – Didon, fondatrice et reine de Carthage, est un personnage de l'*Énéide* de Virgile.
6. D – Dans la mythologie romaine, Neptune est le dieu des mers et des océans, ainsi que du règne aquatique. Il est l'équivalent de Poséidon chez les Grecs.

CORRIGÉS QCM 11

1. B – Pâques est une fête célébrée à date variable chaque année au printemps, en mémoire de la résurrection du Christ. En 325, cette date a été fixée au dimanche qui suit la pleine lune de l'équinoxe de printemps (21 mars).
2. B – Aïd-el-kébir signifie la « grande fête ». Le jeûne du ramadan est un des cinq rituels pour honorer Dieu. Moloud célèbre l'anniversaire de Mahomet. Achoura célèbre l'anniversaire de la mort du fils d'Ali.
3. C – Le carême, temps de pénitence, s'étend du mercredi des Cendres jusqu'au jour de Pâques.
4. A – La fête de l'Assomption est le 15 août.
5. B – La Bar-mitsva est une cérémonie religieuse qui marque une étape importante dans la vie d'un jeune garçon juif. À 13 ans et un jour, il atteint l'âge de la majorité religieuse et devient alors responsable de ses actes et de l'exécution des commandements. La Torah regroupe les cinq premiers livres de la Bible hébraïque qui contiennent l'essentiel de la Loi mosaïque.
6. B – Vishnou, dieu protecteur et préservateur du monde, est l'une des trois divinités majeures de l'hindouisme devenues centres de différents mouvements de dévotion, les autres étant Shiva et Brahma.

CORRIGÉS QCM 12

1. B – *Homo habilis* (homme habile) – *homo erectus* (homme qui marche) – homme de Neandertal – *homo sapiens sapiens* (homme qui pense).
2. D
3. C – Le feu a été découvert par l'*homo erectus*, plus précisément 400 000 ans avant notre ère.
4. B C D – Le paléolithique correspond à l'âge de la pierre taillée (première période de l'ère quaternaire où sont apparues les premières civilisations humaines avec des outils de pierre taillée).
Le mésolithique est une période charnière caractérisée par le début de l'économie productive.
Le néolithique correspond à l'âge de la pierre polie (période la plus récente de l'âge de pierre).

5. A – Plus spécifiquement, l'homme de Cro-Magon est un *homo sapiens* (homme qui pense).
6. A – Le plus vieil outil est le chopper, sorte de galet avec un bord tranchant, utilisé par le *homo habilis*.

CORRIGÉS QCM 13

1. D – Cléopâtre (v. 69-30 avant J.-C.), reine d'Égypte, a été le dernier membre régnant de la dynastie ptolémaïque. Elle est restée célèbre dans l'histoire pour ses amours avec Jules César et Marc Antoine.
2. B – Les Jeux olympiques étaient des concours sportifs organisés entre les cités grecques antiques en l'honneur de Zeus Olympien. Ils ont été rénovés par le baron Pierre de Coubertin à la fin du XIXᵉ siècle.
3. D – Rome fut fondée par Romulus, premier roi de Rome, en 753 avant J.-C.
4. A – Caius Julius Caesar, appelé plus tard Julius (d'où le mois de juillet) en son honneur, était un général, homme politique et écrivain romain. Il mourut le 15 mars 44 av. J.-C en pleine réunion du Sénat, assassiné par Brutus qui porte le coup ultime.
5. B – L'Antiquité suit la préhistoire et précède le Moyen Âge.
6. A – La plus ancienne écriture connue date de 3 000 avant J.-C. et elle est attribuée aux Sumériens de Mésopotamie.

CORRIGÉS QCM 14

1. D – On situe généralement le Moyen Âge ente 476 (chute du dernier empereur romain d'Occident) et 1492 (découverte de l'Amérique). Mais la date de fin du Moyen Âge est discutée : certains ont aussi proposé de la dater à la chute de Constantinople (1453).
2. D – La guerre de Cent Ans démarre en 1337 et se termine en 1453. Ce conflit a opposé la France des Valois à l'Angleterre des Plantagenêts puis des Lancastres.
3. B – Les croisades sont des expéditions militaires entreprises du XIᵉ au XIIIᵉ siècle par les chrétiens d'Occident à l'instigation de la papauté afin de délivrer les lieux saints occupés par les musulmans. On compte huit croisades.
4. C – Pépin le Bref succéda à son père en 751. À Poitiers en 732, Charles Martel (un des rois fainéants) stoppa l'avancée des musulmans et fut à l'origine de la dynastie carolingienne.
5. C – En 1429, Jeanne d'Arc fait sacrer le roi Charles VII à Reims et reprend Orléans aux Anglais. La « Pucelle d'Orléans » meurt après un long procès et un supplice : elle fut brûlée vive à Rouen en 1431.
6. B – Charlemagne, roi des Francs et des Lombards, fut couronné le jour de Noël de l'an 800.

CORRIGÉS QCM 15

1. A – Henri IV (1553-1610), roi de France (1589-1610), est le second fils d'Antoine de Bourbon et de Jeanne III d'Albret.
2. B – Marie-Louise de Habsbourg-Lorraine (1791-1847), archiduchesse d'Autriche, fut impératrice des Français. Fille de l'empereur François II, elle fut mariée pour des raisons politiques à Napoléon Iᵉʳ (1810) et donna naissance au roi de Rome (1811).

3. C – Armand Jean du Plessis (1585-1642), cardinal de Richelieu, était prélat et homme d'État français. Entré au Conseil du roi en 1624, Richelieu devient le principal ministre d'État de Louis XIII en 1629.
4. C – Napoléon Bonaparte (1769-1821) est devenu empereur des Français sous le nom de Napoléon Ier.
5. A – François Ier (1494-1547) fut roi de France de 1515 à 1547. À l'occasion de la bataille de Marignan, il est armé chevalier par Bayard. La victoire de Marignan permet au roi de récupérer le Milanais.
6. C – Cette ordonnance du 15 août 1539, promulguée par François Ier et rédigée par le chancelier Guillaume Poyet, impose notamment l'usage du français dans les actes politiques et judiciaires, et exige l'usage des registres de baptême (origine de l'état civil).
7. C – La bataille de Waterloo (18 juin 1815) a été perdue par Napoléon Ier devant les Anglais et les Prussiens.
8. B – La bataille de Trafalgar (21 octobre 1805) est une bataille navale remportée par la flotte anglaise de Nelson sur la flotte franco-espagnole de Villeneuve.
9. C – Ivan IV le Terrible prit le titre de tsar en 1547.
10. A – Henri VIII, successeur de Henri VII, fut roi d'Angleterre (1509-1547) et roi d'Irlande (1541-1547). C'est Édouard VI qui lui succède.
11. B – Francisco de Sandoval y Rojas (1553-1625), duc de Lerma, gouverna l'Espagne de 1598 à 1618. Son gouvernement fut marqué par l'expulsion des morisques (1609-1610) et par la conclusion de la trêve de Douze Ans (1609).
12. C – La Pologne a effectivement subi trois partages : en 1772, 1793 et 1795.
13. C – On distingue huit guerres de religion, la dernière se transformant en guerre « classique » contre le roi d'Espagne.
14. D – Christophe Colomb (1450-1506), navigateur génois, a découvert l'Amérique en 1492.
15. A – Les Mandchous prennent le pouvoir et le garderont jusqu'en 1912.
16. C – Ce conflit armé opposa les treize colonies anglaises d'Amérique du Nord à l'Angleterre, d'avril 1775 à novembre 1782 et aboutit à la formation d'États Unis indépendants.
17. B – Georges Washington (1732-1799) fut le premier président des États-Unis de 1789 à 1797.
18. D
19. C – Ce traité signé le 7 juin 1494, entre les Rois catholiques et Jean de Portugal, situa à 370 lieues à l'ouest des îles du Cap-Vert le méridien séparant les possessions coloniales des deux pays.
20. B – L'astronome polonais Nicolas Copernic (1473-1543) est universellement connu pour son système héliocentrique dans lequel la Terre et toutes les autres planètes tournent autour du Soleil.

CORRIGÉS QCM 16

1. D – L'ordre est le suivant : C. Le Premier Empire ; A. La Restauration ; E. La Monarchie de Juillet ; B. La IIe République ; D. Le Second Empire.
2. B – En France, la période du régime de la IVe République s'étend du 3 juin 1944 (formation du Gouvernement provisoire de la République française) au 5 octobre 1958 (promulgation de la Constitution de la Ve République). Les présidents de la IVe République sont Vincent Auriol et René Coty.

3. D – Charles de Gaulle (1890-1970), général et homme d'État français, fut le chef de la France libre durant la Seconde Guerre mondiale et l'architecte de la Ve République française dont il a été le premier président (1959-1969). L'attentat du Petit-Clamart a été perpétré contre ce dernier par des membres de l'OAS, au rond-point du Petit-Clamart, le 22 août 1962.

4. A – Léon Blum a formé un gouvernement soutenu par les communistes (Front populaire), qui engagea d'importantes réformes sociales comme la garantie de la liberté syndicale, l'augmentation des salaires, les congés payés et la semaine de travail de quarante heures.

5. B C D – La bataille de Verdun (21 février 1916-19 décembre 1916) opposa les armées françaises défendant le camp retranché de Verdun aux armées allemandes assaillantes.

6. B – Pétain demande l'armistice, qui sera signé le 22 juin 1940 à Rethondes, et se proclame chef de l'État français. Le Parlement s'installe alors à Vichy.

7. A – Alain Poher (1969-1974) a été deux fois président de la République par intérim (du 28 avril au 20 juin 1969 et du 2 avril au 19 mai 1974).

8. D – La guerre du Kosovo a eu lieu en 1999 sur le territoire de la République fédérale de Yougoslavie.

9. B – L'année 1991 précipite la fin de l'URSS. En juin, Boris Eltsine est élu triomphalement à la tête de la Russie. Il incarne une nouvelle légitimité face à Mikhaïl Gorbatchev. Le 25 décembre 1991, M. Gorbatchev démissionne de ses fonctions et l'URSS devient la Fédération de Russie.

10. B – Entre 1922 et 1945, l'Italie et l'Allemagne vivent la montée de l'extrémisme : l'Italie de Mussolini (1922-1943) et l'Allemagne d'Hitler (1933-1945). Le fascisme est un régime de type mussolinien, fondé sur la dictature d'un parti unique, l'exaltation nationaliste et le corporatisme.

11. C – Guillaume Ier (1797-1888), fut roi de Prusse (1861-1888) et empereur allemand (1871-1888). À l'issue de la guerre franco-allemande (1870-1871), il fut proclamé empereur d'Allemagne dans la galerie des Glaces, à Versailles (18 janvier 1871).

12. D – La guerre froide opposa, de 1947 à 1991, les États-Unis, l'URSS et leurs alliés respectifs qui formaient deux blocs dotés de moyens militaires considérables et défendant des systèmes idéologiques et économiques antinomiques.

13. C – Le mur de Berlin était une ligne fortifiée édifiée en 1961 par la RDA afin d'isoler Berlin-Est de Berlin-Ouest et d'enrayer l'exode de ses citoyens. La chute de ce mur, en novembre 1989, permettant de rétablir la libre circulation entre les deux parties de la ville de Berlin, et sa destruction, symbolisent la disparition de la frontière entre les deux Allemagnes, prélude à la réunification de 1990.

14. D – Entré en vigueur le 1er novembre 1993, le traité de Maastricht institue l'Union européenne entre 12 États membres (Allemagne, Belgique, Danemark, Espagne, France, Grèce, Irlande, Italie, Luxembourg, Pays-Bas, Portugal et Royaume-Uni).

15. D – L'expression « Trente Glorieuses » désigne la période de forte croissance économique qu'a connu entre 1945 et 1974 une grande majorité des pays développés.

16. B – Dans le but d'obliger le Japon à capituler durant la Seconde Guerre mondiale, les États-Unis larguèrent deux bombes atomiques sur les villes de Hiroshima et Nagasaki, les 6 et 9 août 1945. Dans chaque ville, plus de

75 000 personnes moururent sur le coup. C'est Harry Truman (1884-1972), président des États-Unis de 1945 à 1953, qui en a donné l'ordre.

17. B – Le plan Marshall, lancé à l'initiative du général éponyme, est un programme américain d'aide économique à l'Europe pour aider à sa reconstruction. Il est considéré par les historiens comme le point de départ de la guerre froide : les États ayant accepté le soutien états-unien se trouvent dans le bloc occidental ; les pays sous l'influence de Moscou qui l'ont refusé sont dans le bloc communiste.

18. B – Martin Luther King, pasteur noir américain (1929-1968), a longtemps lutté pour les droits civiques des noirs américains. En 1963, Martin Luther King prononce le discours « I have a dream » dans lequel il développe ses idées antiségrégationnistes.

19. C – Cette opération militaire menée contre l'Irak en janvier 1991 a mis fin à l'occupation du Koweït par l'Irak

20. C – En avril 2003, la statue de Saddam Hussein, symbole de la dictature en Irak, est déboulonnée et, avec elle, c'est la chute le régime irakien. La traque contre l'homme Saddam Hussein débute et Bagdad est livrée aux pillards. Depuis l'arrivée de Saddam Hussein (le « Raïs ») au pouvoir en 1979, ce régime s'apparentait à une dictature. La guerre menée et gagnée par les États-Unis contre ce pays modifie la géopolitique de cette région du monde.

21. A – L'Organisation des Nations unies (ONU) a été fondée à la fin de la Seconde Guerre mondiale en 1945 pour résoudre les problèmes internationaux. Depuis l'adhésion du Soudan du Sud en 2012, elle compte 193 États membres. La même année, la Palestine s'est vu octroyer le statut d'observateur.

CORRIGÉS QCM 17

1. C – Michel Debré a contribué au retour au pouvoir du général de Gaulle, qui lui confie la charge de garde des Sceaux (1958) et, à ce titre, la préparation de la nouvelle Constitution, puis le nomme Premier ministre (1959-1962).

2. B – Le Conseil constitutionnel, organe créé par la Constitution du 4 octobre 1958, est chargé de contrôler la constitutionnalité des lois et de veiller à la régularité des scrutins nationaux. Du fait de l'autorité dont sont revêtues ses décisions et de l'indépendance dont il fait preuve, le Conseil s'est progressivement imposé comme le garant des libertés publiques et du fonctionnement régulier des institutions. Ce président a été nommé en 2016 par le président de la République.

3. B – Les députés, au nombre de 577, siègent à l'Assemblée nationale. Sous la Ve République, ils sont élus au suffrage universel direct et au scrutin nominal majoritaire à deux tours.

4. C – Le Premier ministre est le chef du gouvernement. Sur proposition du Premier ministre, le président de la République nomme les membres du gouvernement (ministres) et met fin à leurs fonctions. Le président de la République est le chef de l'État.

5. B – Le projet de loi est présenté au Parlement. Après étude de tous les termes du texte, l'Assemblée nationale et le Sénat votent ou non ce texte. Si les deux assemblées sont d'accord, la loi est adoptée. Ensuite, elle est promulguée par le président de la République et publiée au *Journal officiel (JO)*.

6. B – L'article 16 accorde au président de la République des pouvoirs exceptionnels lorsque les « institutions de la République, l'indépendance de la nation, l'intégrité de son territoire (...) sont menacées d'une manière grave et immédiate » sous une seule condition : le président doit en informer la nation par un « message ».

7. A C – À l'origine, la cocarde était un insigne circulaire porté à la coiffure par les militaires et certains fonctionnaires. La Fayette fit approuver en juillet 1789 par la commune de Paris la cocarde faite d'un ruban blanc liséré de bleu et de rouge. En 1830, l'ordre bleu (au centre), blanc, rouge fut définitivement adopté.

8. A

9. D – La Marianne, sculptée en pied ou en buste, commence à apparaître dans les mairies après 1877, remplaçant les bustes de Napoléon III. Marianne est la représentation symbolique de la mère patrie fougueuse, guerrière, pacifique, nourricière et protectrice.

10. C – Le bonnet phrygien (rouge) a été porté par les révolutionnaires de 1789. Il est ensuite repris en France au début de l'été 1790 comme symbole de la liberté et du civisme. Il devient alors symbole de la Révolution française ; de l'automne 1793 à juillet 1794, il est porté dans beaucoup de collectivités administratives du pays. Depuis la Révolution, le bonnet phrygien coiffe Marianne, la figure de la République française.

11. B – Le calendrier républicain (ou calendrier révolutionnaire français) a été créé pendant la Révolution française de 1789 selon la terminologie choisie par Fabre d'Églantine (1750-1794), poète et homme politique français, auteur de la dénomination des mois et jours du calendrier républicain, dont le principe avait été établi par Charles-Gilbert Romme, et c'est lui qui le fit adopter à la Convention.

12. B – Le palais de l'Élysée est une résidence historique construite à Paris en 1718 par Claude Mollet pour le compte d'Évreux, et acheté par Madame de Pompadour en 1753. Sous la IIe République, Louis Napoléon Bonaparte résida à l'Élysée.

13. C – Le département est une collectivité territoriale administrée par le conseil départemental. En dehors des départements-régions d'outre-mer (DROM), la France est divisée en 96 départements. En 2011, Mayotte est devenue le 101e département français.

14. D – Le service public est organisé dans une intention d'intérêt général et est assuré soit par des personnes publiques directement, soit par des particuliers, des entreprises privées ou d'autres personnes morales de droit privé sous le contrôle, et éventuellement avec l'aide, des pouvoirs publics.

15. A – Les régions, les départements, les communes, les métropoles et toutes les intercommunalités ainsi que les établissements publics sont des collectivités territoriales.

16. C – La commune est une collectivité territoriale décentralisée, dotée de la personnalité morale qui est à la base de l'organisation administrative française.
Le canton est une circonscription administrative issue de l'époque révolutionnaire, dépourvue de la personnalité morale, dans le cadre de laquelle est élu le conseiller départemental.
L'arrondissement est une circonscription administrative intermédiaire entre le département et le canton administrée par un sous-préfet.
Le département est à la fois une collectivité territoriale administrée par le conseil départemental et une circonscription administrative dirigée par le préfet.

17. A – La décentralisation administrative ou régionalisation est le système par lequel la gestion administrative d'une région est remise à des autorités locales élues (et non à des agents nommés par le pouvoir central, ce qui correspond à la déconcentration).

18. C – Les préfets, souvent issus de l'École nationale d'administration (ENA), sont nommés par décret du président de la République en Conseil des ministres. Le préfet représente l'État dans le département et la région.

19. B – Le maire possède une double « casquette » : il agit au nom de la commune en tant que collectivité territoriale mais aussi au nom de l'État dans certaines fonctions administratives et judiciaires. Sous l'autorité du préfet, il est responsable de la publication des lois et règlements, de l'organisation des élections, de la légalisation des signatures. Sous l'autorité du procureur de la République, le maire est officier d'état civil et officier de police judiciaire.

CORRIGÉS QCM 18

1. B – Le Lesotho est un pays d'Afrique australe entièrement enclavé dans l'Afrique du Sud.

2. B – La Kabylie est un massif montagneux du nord-est de l'Algérie, bordant la Méditerranée, situé à l'est d'Alger et de la Mitidja.

3. A – Le shilling est l'unité monétaire en usage dans plusieurs pays africains, dont le Kenya, l'Ouganda, la Somalie et la Tanzanie. Nairobi est la capitale du Kenya.

4. A – Le Zaïre fut le nom porté par l'actuel territoire de la République démocratique du Congo entre 1971 et 1997 dont la capitale est Kinshasa.

5. D – L'Amazonie est un fleuve d'Amérique alors que les trois autres fleuves sont des fleuves africains.

6. B – Marrakech se situe au cœur du Maroc au pied des montagnes de l'Atlas. Rappelons que Casablanca est le plus grand port marocain de l'Atlantique ; c'est aussi la capitale économique du pays alors que la capitale administrative est Rabat.

CORRIGÉS QCM 19

1. A – Le Venezuela est un pays d'Amérique du Sud, bordé au nord par la mer des Caraïbes, au nord-est par l'océan Atlantique, à l'est par le Guyana, au sud par le Brésil et au sud-ouest et à l'ouest par la Colombie.

2. D – Le Brésil est un pays d'Amérique du Sud, couvrant près de la moitié de la superficie du continent sud-américain. La capitale du Brésil est Brasilia.

3. B – Le Canada est le deuxième pays du monde par sa superficie. Il occupe la partie septentrionale de l'Amérique du Nord et s'étend d'est en ouest de l'océan Atlantique à l'océan Pacifique et vers le nord jusqu'à l'océan Arctique.

4. A – Une favela désigne un bidonville brésilien, ensemble d'habitations de fortune construites en dehors des grandes agglomérations.

5. B – L'aéroport international J.-F.-Kennedy est situé à 24 km au sud-est de Manhattan (circonscription de New York).

6. D – Le parc national du Grand Canyon est situé dans le nord-ouest de l'Arizona. Le Grand Canyon a été creusé par le fleuve Colorado dans le plateau du même nom. Le parc couvre un territoire protégé de 4 927 km^2. La diversité naturelle et paysagère de la région a été reconnue patrimoine mondial de l'humanité par l'Unesco en 1979.

CORRIGÉS QCM 20

1. D – Oulan-Bator, capitale de la Mongolie, est située dans le centre-nord du pays, à une altitude de 1 310 m, dans une vallée marécageuse encerclée par les montagnes, aux confins du désert de Gobi. Lhassa est la capitale du Tibet. Bhopal est une ville de l'Inde. Katmandou est la capitale du Népal.

2. A – Les deux principales langues de l'Inde sont l'hindi et l'anglais, ainsi que 20 autres langues.

3. C – L'Indonésie est un pays insulaire d'Asie du Sud-Est, formé de plus de 13 677 îles, dont près de la moitié sont inhabitées. Sa capitale est Jakarta.

4. A – Sa Majesté l'empereur du Japon, plus connu sous le nom de Naruhito, est le 126e empereur du Japon depuis le 1er mai 2019.

5. C – Le barrage des Trois-Gorges est un barrage hydroélectrique situé au cœur de la République populaire de Chine, sur le Yang-tseu-Kiang, dont la mise en service a eu lieu en 2009.

6. D – Le Japon est un pays insulaire de l'est de l'Asie peuplé de 126 millions d'habitants. Sa capitale est Tokyo.

CORRIGÉS QCM 21

1. B – La Nouvelle-Zélande est un État insulaire d'Océanie. C'est un archipel du Pacifique sud (mer de Tasman), au sud-est de l'Australie, composé de deux grandes îles (île du Nord et île du Sud).

2. D – La Nouvelle-Calédonie est un archipel d'Océanie situé en Mélanésie. C'est une collectivité rattachée à la France et non une collectivité d'outre-mer (COM). Son lagon a une surface totale de 24 000 km^2, ce qui en fait l'un des plus grands lagons du monde ; il est ceinturé par une barrière de corail d'une longueur de 1 600 km.

3. C – La superficie de l'Australie, dont la capitale est Canberra, est de 7 682 300 km^2.

4. A C D – L'Océanie est un continent regroupant des territoires situés dans l'océan Pacifique. Ce continent inclut l'Australie, la Nouvelle-Zélande, la Papouasie-Nouvelle-Guinée, et d'autres îles et archipels.

5. B – La Papouasie-Nouvelle-Guinée est un État insulaire situé en Mélanésie, dans le sud-ouest du Pacifique, à l'est de l'Indonésie et au nord de l'Australie dont la capitale est Port Moresby.

6. B – L'Océanie se compose de l'Australie, de la Nouvelle-Guinée, de la Nouvelle-Zélande et de plus de 10 000 îles d'origine volcanique ou corallienne.

CORRIGÉS QCM 22

1. A – L'Islande ou la République d'Islande est un État insulaire d'Europe situé dans l'Atlantique nord, au sud-est du Groenland et au nord-ouest de l'Écosse. Sa capitale, Reykjavik, située sur la côte ouest, est le principal port, centre culturel et industriel de l'Islande.

2. C – L'Elbe est un fleuve d'Europe centrale et prend sa source à environ 1 400 m d'altitude dans le massif des Géants dans le nord-ouest de la République tchèque.

3. B D E – On appelle pays baltes trois pays de l'est de la mer Baltique : l'Estonie, la Lettonie et la Lituanie.

4. B – Il s'agit plus précisément du Péloponnèse.
5. C D – La Moldavie est un État d'Europe orientale, elle est bordée au nord, à l'est et au sud par l'Ukraine et à l'ouest par la Roumanie.
6. D – Les Dolomites sont situées dans le massif des Alpes en Italie.

CORRIGÉS QCM 23

1. B – Le Perche est une région de France, aux limites de la Normandie, de l'Île-de-France et du Maine, partagée entre les départements de l'Orne, de la Sarthe et de l'Eure-et-Loir.
2. C – Monaco est un État souverain situé au bord de la Méditerranée, enclavé dans le département des Alpes-Maritimes, dans le sud-est de la France, qui couvre 1,95 km^2 de superficie, ce qui en fait l'État le plus petit du monde après la Cité du Vatican.
3. C – Le plateau de Millevaches fait partie du Massif central. Il s'étend pour sa majeure partie sur le département de la Corrèze mais déborde sur le sud de la Creuse et l'est de la Haute-Vienne.
4. A – Du nord au sud, on trouve Belle-Île, l'île d'Yeu, l'île de Ré et l'île d'Oléron. Le terme « septentrional » est relatif au nord.
5. A – Le lac Léman, ou lac de Genève, en forme de croissant, sépare la France de la Suisse. La frontière passe au milieu de celui-ci.
Pour avoir un ordre d'idée de la taille des lacs, on peut retenir ce classement : lac Léman (582,4 km^2) > lac du Bourget (44,5 km^2) > lac de Serre-Ponçon (28,2 km^2) > lac d'Annecy (27,6 km^2).
6. B – Le Puy-de-Dôme est une montagne volcanique d'Auvergne (Puy-de-Dôme), à l'ouest de Clermont-Ferrand.
7. C – Le taux de fécondité est le rapport du nombre de naissances vivantes de l'année à l'ensemble de la population féminine en âge de procréer (nombre moyen des femmes de 15 à 50 ans sur l'année).
8. A – En 2022, la France compte plus de 67,8 millions d'habitants. La densité du territoire français est de 99 habitants/km^2.
9. B – Le taux de chômage représente la part de la population active qui est au chômage. Est considéré comme chômeur une personne qui n'a pas d'emploi et qui en recherche un.
10. C – Le Mans est une ville de l'ouest de la France, chef-lieu du département de la Sarthe et située dans la région des pays de la Loire.
11. C – L'Institut national d'études démographiques (INED) a été fondé en 1945 afin d'étudier les problèmes démographiques.
12. C – Le baby-boom, augmentation brusque de la natalité dans les pays d'Europe, a immédiatement suivi la Seconde Guerre mondiale. En 1946, s'est opéré un redressement démographique : le taux de natalité était de 20 ‰ entre 1946 et 1967. Ce taux a ensuite diminué pour être aujourd'hui d'environ 11 ‰. Pour rappel, le taux de natalité est une donnée statistique correspondant au nombre de naissances vivantes par habitant (population moyenne de l'année).
13. A – Après Disneyland Paris, avec près de 83 millions de touristes étrangers, la France demeure le pays le plus visité au monde devant les États-Unis et l'Espagne.

14. B – Nice, ville du sud-est de la France, est le chef-lieu du département des Alpes-Maritimes, dans la Région Provence-Alpes-Côte-d'Azur, donnant sur la mer Méditerranée.
15. D – La Banque de France est la banque centrale de la France. Cette institution bicentenaire, de capital privé lors de sa création en janvier 1800, est devenue propriété de l'État en 1945.
16. B – Le Bassin parisien est une vaste région agricole : céréales, betteraves, colza en Beauce, en Île-de-France et en Picardie ; élevage en Normandie ; forêts en Sologne ; vignes en Champagne, etc.
17. A – Le Massif central occupe le centre-sud de la France. C'est le massif le plus vaste de France. Il culmine à 1 886 mètres au sommet volcanique du Puy de Sancy (Puy-de-Dôme). Il abrite l'essentiel des volcans français.
18. A – La France se situe parmi les 10 principaux exportateurs mondiaux de céréales, derrière la Russie, la Chine, les États-Unis, le Brésil et l'Inde, notamment.
19. D – La surface agricole utile (SAU) est un concept statistique destiné à évaluer le territoire consacré à la production agricole. La SAU est composée de terres arables (grandes cultures, cultures maraîchères, prairies artificielles...), surfaces en herbe (prairies permanentes, alpages) et cultures pérennes (vignes, vergers...).
20. D – Le remembrement est un aménagement foncier qui consiste à grouper de petites parcelles – pouvant appartenir à différents propriétaires – en lopins plus grands, de manière à obtenir une utilisation plus rationnelle et plus rentable des sols.

CORRIGÉS QCM 24

1. D – La proposition A est fausse : en 2022, il n'existe pas encore de médicament particulier pour prévenir ni guérir la maladie. Cependant, il existe plusieurs vaccins pour la prévenir.
La proposition B est fausse : ce sont deux maladies infectieuses différentes, qui ne sont pas provoquées par le même virus : virus COVID-19 pour la maladie à coronavirus et influenza pour la grippe.
La proposition C est fausse : il faut utiliser un mouchoir en papier à usage unique que l'on jette ensuite dans une poubelle munie d'un couvercle.
2. B – Un antipyrétique est un médicament utilisé dans le traitement symptomatique de la fièvre. Les antipyrétiques les plus utilisés sont le paracétamol et l'aspirine.
3. A B C D – La seule protection contre le VIH, virus du sida, est le préservatif masculin et féminin.
4. C D – Claude Bernard, physiologiste français, est considéré comme le créateur de la médecine expérimentale. Jean-Pierre Changeux est président d'honneur du Comité consultatif national d'éthique. Le président du CCNE en 2022 est Jean-François Delfraissy.
5. A – René Laennec (1781-1826), médecin français, publia de nombreux résultats sur l'application de l'acoustique à la connaissance des maladies de poitrine. Il invente le stéthoscope qui est l'instrument destiné à l'auscultation des bruits à travers les parois du corps vers 1819.

CORRIGÉS QCM 25

1. C – Outre son rôle de soutien, l'os représente l'essentiel des réserves de l'organisme en calcium, élément dont la constance du taux dans le sang est indispensable à de nombreuses fonctions physiologiques.
2. D – La moelle épinière est la partie du système nerveux central située à l'intérieur de la colonne vertébrale. La moelle osseuse, à ne pas confondre avec la moelle épinière, contenue dans les os longs, fabrique les cellules sanguines.
3. C – Le nerf optique prend naissance sur la rétine, membrane qui tapisse la face interne de l'œil et qui contient les cellules permettant aux rayons lumineux d'être captés, puis transformés en influx nerveux pour gagner le cerveau.
4. B – La peau est composée de trois couches superposées, qui sont, de l'extérieur vers l'intérieur : l'épiderme, le derme et l'hypoderme. La peau et les poils, les cheveux, les ongles, les différentes glandes (sudoripares, sébacées) forment le tégument.
5. A – Le thymus est l'organe lymphoïde (responsable des défenses immunitaires) situé derrière le sternum, devant la trachée.
6. D – Une coupe sagittale est une coupe du corps verticale dans le plan médian.

CORRIGÉS QCM 26

1. D – L'hypophyse est une glande endocrine de petite taille, située à la base du crâne. Les glandes génitales sont les ovaires chez les femmes, et les testicules chez les hommes.
2. B – Les gonadotrophines (LH et FSH) sont des hormones qui agissent sur les glandes sexuelles en stimulant leur fonction.
3. B – Yvan Pavlov (1849-1936), médecin, physiologiste et psychologue russe, est célèbre pour ses études sur le réflexe conditionné et le conditionnement. Il a été lauréat du prix Nobel de médecine et de physiologie en 1904.
4. C – L'érythropoïétine, hormone sécrétée par le rein, stimule la production et la différenciation des globules rouges. C'est pour cette raison qu'elle est utilisée par certains sportifs pour se doper. L'héroïne n'est pas une hormone mais un stupéfiant obtenu à partir de la morphine.
5. C D – Les globules rouges assurent le transport de l'oxygène des poumons vers les tissus. Les globules blancs sont aussi appelés lymphocytes et les plaquettes sanguines sont appelées thrombocytes.
6. C – Les veines arrivent au cœur et les artères partent du cœur. Le sens commun voudrait que la distinction entre artères et veines soit la suivante : les artères transportent du sang oxygéné tandis que les veines du sang appauvri.

CORRIGÉS QCM 27

1. A – L'acide désoxyribonucléique (ADN) est le constituant essentiel des chromosomes, support de l'hérédité.
2. A – Le neurone est la cellule de base du tissu nerveux, capable de recevoir, d'analyser et de produire des informations. La partie principale, ou corps cellulaire du neurone, est munie de prolongements, l'axone et les dendrites.
3. C – Le mésoderme correspond à un stade cellulaire du développement embryonnaire.

4. B – Les procaryotes sont des organismes dont la cellule ne possède pas de noyau ni d'autres organites, contrairement aux eucaryotes. Les bactéries sont des procaryotes.
5. A – Les jumeaux homozygotes sont issus de l'union d'un spermatozoïde et d'un ovule donc d'un œuf unique qui se divise ensuite en plusieurs cellules. Les jumeaux hétérozygotes, ou « faux-jumeaux », ne sont pas issus du même œuf. Ils sont issus de deux ovules et d'un spermatozoïde car il y a eu deux ovulations.
6. C – Gregor Mendel (1822-1884), moine et botaniste autrichien, découvrit les lois de l'hérédité et de la génétique mendélienne.
7. A B – Le manteau est la partie intermédiaire entre la croûte et le noyau.
8. D – La sismologie ou séismologie étudie les séismes (tremblements de terre) et, plus généralement, les mouvements du sol.
9. C – Un val est une section de vallée, généralement assez large.
Une combe est une dépression de forme oblongue, évidée dans des couches tendres à l'emplacement d'un axe anticlinal et limitée par des crêts se faisant face.
Une cuesta est un relief dû à l'érosion d'une couche dure à pendage modéré présentant une pente forte du côté opposé au pendage.
10. D – La couche d'ozone est la partie de l'atmosphère située entre 20 et 50 kilomètres d'altitude (stratosphère). Sans l'action filtrante de la couche d'ozone, les rayons UV-B pénétreraient librement l'atmosphère et atteindraient la surface de la Terre provoquant des effets néfastes liés à l'exposition excessive aux rayons.
11. B – Le permafrost est un sol perpétuellement gelé des régions arctiques.
12. C – Un tsunami est un raz de marée d'origine tellurique, provoqué par une instabilité brusque du plancher océanique résultant d'un séisme, d'une éruption volcanique ou d'un glissement de terrain.
13. B – En France, le renard est classé comme nuisible en raison des dommages qu'il peut causer au gibier et, surtout, parce qu'il est vecteur de la rage, qui est une maladie infectieuse et contagieuse mortelle due à un virus inoculé par la morsure d'animaux contaminés.
14. C
15. D – Les différentes métamorphoses changent la larve (chenille) en nymphe (chrysalide, cocon) puis en papillon. La larve est la forme intermédiaire, au premier stade du développement, avant le stade adulte. Le cocon est l'enveloppe soyeuse que filent les chenilles pour s'y transformer en chrysalide. L'imago est la forme définitive de l'insecte adulte sexué, à la fin de ses métamorphoses.
16. C – Il s'agit de l'écrevisse rouge qui est un petit crustacé des eaux douces et caractérisé par sa paire de pinces puissantes et sa large nageoire caudale qui lui permet de reculer brusquement en cas de danger.
17. B – Le chien est un mammifère (canidé) carnivore aux multiples races, caractérisé par sa facilité à être domestiqué, par une course rapide, un excellent odorat et par son cri spécifique, l'aboiement. Au contact de l'homme, il devient de plus en plus omnivore.
18. C – La baleine est un mammifère alors que les autres animaux sont des poissons.
19. A

20. C – Le préfixe « myco » signifie champignon.
21. D – La royal gala est une variété de pomme.
22. A B C D

CORRIGÉS QCM 28

1. A – Le carbone pur est présent, dans la nature, dans deux formes courantes : le graphite ou charbon (forme la plus courante) et le diamant.
2. B – Le son est une vibration ou une onde de molécules d'air résultant du mouvement d'un objet.
3. A – Marie Curie (1867-1934), physicienne française d'origine polonaise, a découvert la radioactivité. Elle fut la première femme à obtenir un prix Nobel en 1903 (prix Nobel de physique), lauréate d'un second prix Nobel en 1911 (de chimie, cette fois), mais aussi la première femme à occuper le poste de professeur de physique à la Sorbonne.
4. D – Albert Einstein (1879-1955), prix Nobel de physique en 1921, a largement contribué au développement de la mécanique quantique et de la cosmologie. Il a formulé l'équation de la relativité $E = mc^2$ en 1905.
5. C – L'ohm est une unité de résistance électrique, le volt est l'unité de tension et le watt, l'unité de puissance.
6. A C – L'eau de Javel est composée d'hypochlorite de sodium. C'est un puissant oxydant utilisé comme désinfectant.

CORRIGÉS QCM 29

1. C – Pythagore (570-480 avant J.-C.) était un mathématicien et un philosophe grec.
2. B
3. C – Un triangle est un polygone à trois côtés.
4. A D – Tableau de conversion :

m^3			dm^3			cm^3			mm^3		
			hL	daL	L	dL	cL	mL			
					1,	0	0	0			

5. A – 1 heure = 60 minutes ; 1 minute = 1/60e de degré (énoncé) donc en 1 heure l'aiguille aura avancé d'1 degré ($1 \div 60 \times 60 = 1$).
6. B – Si le verre rempli d'eau pèse 18 g et que le verre lui-même pèse deux fois plus que l'eau, on peut poser l'équation suivante : verre + eau = 18 g.
Soit (2 × eau) + eau = 18 g donc eau = 18 ÷ 3 = 6 g.

CORRIGÉS QCM 30

1. C – Le chiffre correspond au nombre de voyelles du mot. Dans « fraises », il y a trois voyelles (a, i et e).
2. A – Sachant que je suis un homme, si le fils de Michel est le père de mon fils, c'est donc de moi qu'il s'agit. Michel est donc à la fois mon père et le grand-père de mon fils.

3. C – L'heureux homme étant le père de Marie, c'est fatalement le prénom de sa quatrième fille.
4. C – D'après GRANGE, on voit que G = 6, R = 1, A = 2, N = 9 et E = 4.
5. B – Le nez est l'organe de l'odorat (un des cinq sens) comme la bouche est l'organe du goût.
6. B – Si vous dépassez le deuxième, cela veut dire que vous prenez sa place et que vous devenez donc, vous-même, le deuxième.

CORRIGÉS QCM 31

1. A B C D – Neuf planètes principales gravitent autour du Soleil. Il s'agit, dans l'ordre, en partant du Soleil, de : Mercure, Vénus, Terre, Mars, Jupiter, Saturne, Neptune et Pluton.
2. A D – Pour être bissextile, une année doit avoir son millésime divisible par 4. Toutefois, celles dont le millésime est divisible par 100 (1 800) ne sont bissextiles que si leur millésime est aussi divisible par 400 (1 600).
3. C – Comme la Terre, les planètes telluriques possèdent en général trois enveloppes concentriques (noyau, manteau et croûte). Jupiter est la plus grosse des planètes du système solaire.
4. B – Vénus est aussi appelée l'« étoile du Berger » car elle peut être visible dans le ciel du matin, avant le lever du Soleil, ou dans le ciel du soir, après le coucher du Soleil.
5. D – Hubert Reeves (1932-) est un astrophysicien d'origine canadienne. Il est aussi un vulgarisateur connu, auteur de nombreux ouvrages. L'astrophysique est une branche de l'astronomie qui étudie la nature physique, la formation et l'évolution des corps célestes.
6. C – Les astéroïdes se rencontrent principalement entre l'orbite de Mars et celle de Jupiter et au-delà de Neptune.

CORRIGÉS QCM 32

1. B – Le plus important des sommets de la Terre a eu lieu à Rio en 1992. Sous l'égide de l'ONU, tous les pays ont décidé, au travers d'une convention mondiale sur la biodiversité, de faire une priorité de la protection et restauration de la diversité du vivant, considérée comme une des ressources vitales du développement durable.
2. B – L'écologie est la science qui a pour objet les relations des êtres vivants (animaux, végétaux, micro-organismes) avec leur environnement, ainsi qu'avec les autres êtres vivants. L'écologie fait également référence à un mouvement associatif et politique dès 1970, en faveur d'une meilleure prise en compte de l'environnement dans les sociétés humaines, de l'amélioration de la qualité de la vie, du respect de l'équilibre des milieux naturels et d'une gestion durable de leurs ressources.
3. B – La loi sur l'air et l'utilisation rationnelle de l'énergie (LAURE) date de 1996.
4. A B C – L'effet de serre est un phénomène naturel de la basse atmosphère qui contribue à retenir une partie de la chaleur solaire à la surface de la Terre, par le biais du pouvoir absorbant de certains gaz.

5. B – Le plan Polmar (pollution maritime) est un plan d'intervention déclenché en cas de pollution marine accidentelle.
6. D – Alors que la France fait exception, toute l'Europe décide progressivement d'abandonner le nucléaire. La France reste le deuxième pays au monde en nombre de centrales (58 au total) juste derrière les États-Unis. Ce secteur fournit 75 % de l'électricité produite en France. Décidée au milieu des années 1970, l'option du « tout nucléaire » avait pour but de réduire la facture pétrolière.

CORRIGÉS QCM 33

1. A – La globalisation est la tendance des entreprises multinationales à concevoir des stratégies à l'échelle planétaire, conduisant à la mise en place d'un marché mondial unifié.
2. C – Depuis le 1er janvier 2018, l'impôt sur la fortune immobilière (IFI) est un impôt payé par les personnes détenant un patrimoine immobilier supérieur à un certain seuil.
3. C – Le CAC 40 est un indice établi à partir du cours des quarante valeurs mobilières les plus actives du marché, servant de référence à la Bourse française.
4. B – Le « jeudi noir » a eu lieu le jeudi 24 octobre 1929 ; les spéculateurs cessent de croire à une hausse infinie des cours et cherchent tous à vendre leurs titres en même temps. C'est le début de la panique boursière qui va entraîner l'une des plus graves crises économiques de l'Histoire.
5. C – Depuis le 1er janvier 2014, les principaux taux de TVA ont été modifiés : le taux réduit de TVA a été abaissé de 5,5 % à 5 %, le taux intermédiaire a augmenté de 7 % à 10 % et le taux normal de 19,6 % à 20 %.
6. C

CORRIGÉS QCM 34

1. B – René Descartes (1596-1650), philosophe, scientifique et mathématicien français, était un des promoteurs du rationalisme moderne.
2. B – *La Peste* est un roman d'Albert Camus de 1947. Jean-Paul Sartre (1905-1980) était un philosophe et écrivain français.
3. A B C – Le siècle des Lumières est un terme qui désigne le XVIIIe siècle en tant que période de l'histoire de la culture européenne marquée par le rationalisme philosophique et l'exaltation des sciences, ainsi que par la critique de l'ordre social et de la hiérarchie religieuse, principaux éléments de l'idéologie politique qui fut au fondement de la Révolution française.
4. B – Hérité des pyrrhoniens, le scepticisme est une doctrine selon laquelle il est nécessaire de pratiquer en toute chose la « suspension du jugement » et d'ériger le doute en système puisque l'homme ne peut accéder à la connaissance de la vérité. Le sophisme est un argument qui, partant de prémisses vraies, ou jugées telles, aboutit à une conclusion absurde et difficile à réfuter. L'hédonisme est une doctrine philosophique qui considère le plaisir comme un bien essentiel, but de l'existence, et qui fait de sa recherche le mobile principal de l'activité humaine. L'épicurisme est une doctrine d'Épicure, doctrine qui propose comme souverain bien la recherche des plaisirs.

5. A – Socrate (Ve siècle avant J.-C.) était un philosophe de la Grèce antique, considéré comme le père de la philosophie occidentale et l'un des inventeurs de la philosophie morale. N'ayant laissé aucune œuvre écrite, la philosophie de Socrate nous est parvenue par l'intermédiaire de témoignages indirects (par les écrits de son disciple Platon).
6. D – *Le Monde de Sophie* (1991) est un roman de Jostein Gaarder. *Les Lettres persanes* est un roman de Montesquieu, *La Gloire de l'Empire*, un roman de Jean d'Ormesson et *Vendredi ou les Limbes du Pacifique*, un roman de Michel Tournier.

CORRIGÉS QCM 35

1. C D – Pierre Bourdieu (1930-2002) était un sociologue engagé car il a mis ses connaissances scientifiques au service de son engagement militant, faisant le lien entre les travaux théoriques et une pratique sociale.
2. D – *La Domination masculine* est un ouvrage de Pierre Bourdieu alors que les trois autres sont des œuvres d'Émile Durkheim.
3. B – Le positivisme regroupe l'ensemble des doctrines positives d'Auguste Comte.
4. B – C'est dans la tradition philosophique que la sociologie plonge ses racines. Elle n'a trouvé son nom, sous la plume d'Auguste Comte, et ne s'est constituée comme science qu'au XIXe siècle.
5. A – Thomas Robert Malthus (1766-1834), économiste britannique, a publié *Essai sur le principe de population* en 1798. Son œuvre a eu et a toujours une influence considérable, principalement pour sa théorie (contestée) de la population qui fonde le malthusianisme.
6. A D

CORRIGÉS QCM 36

1. B – Nommé maître de conférences en neurologie au milieu des années 1880, Sigmund Freud (1856-1939) continue ses recherches à Paris, où il rencontre J. Charcot et H. Bernheim, qui l'initient à l'hystérie et à l'hypnose. Puis à Berlin, il rencontre W. Fliess, qui mène des recherches sur la sexualité. En 1900, Freud publie *L'Interprétation des rêves*. Au tout début du XXe siècle, la psychanalyse est née.
2. A
3. B C D – Après des études de médecine, Boris Cyrulnik (1937-) se dirige vers l'éthologie mais aussi vers la psychologie, la psychanalyse, la neurologie. Spécialiste de l'étude du comportement animal et humain, Boris Cyrulnik centre, depuis le milieu des années 1990, ses travaux et sa pratique clinique sur le concept de la résilience. L'éthologie est l'étude du comportement des espèces animales.
4. A C D – Françoise Dolto-Tolitch (1908-1988), psychiatre et psychanalyste française, s'est intéressée très tôt à l'analyse des enfants (*Psychanalyse et Pédiatrie,* 1939), qu'elle éclaira des concepts lacaniens (*Le Cas Dominique,* 1971). Elle a joué un grand rôle dans l'information d'un large public sur les problèmes psychoaffectifs des enfants.
5. B
6. B – Le stade œdipien fait partie du stade phallique. Ces différents stades correspondent à l'évolution de la psychologie de l'enfant dans cet ordre : stade oral ; stade anal (de 2 à 4-5 ans) ; stade phallique.

CORRIGÉS QCM 37

1. A – Le Code civil, datant de 1804 et réunissant l'ensemble des dispositions législatives et réglementaires relatives au droit civil, est le premier d'un ensemble de textes juridiques fondamentaux. Le Code pénal comporte l'ensemble de textes définissant les crimes, les délits et les contraventions, ainsi que les peines qui leur sont applicables.
2. B – Un assesseur est un officier de justice dont les fonctions consistent à assister le président du tribunal et délibérer avec lui.
3. A – La *Déclaration des droits de l'homme et du citoyen* a été votée le 26 août 1789 par l'Assemblée nationale constituante. Ce texte sert de préface à la Constitution de 1791.
4. B – Le droit civil est la branche essentielle du droit privé traitant des personnes (capacité, famille, mariage), des biens, des successions, des obligations, etc. Le droit administratif est l'ensemble des règles relatives au fonctionnement du pouvoir exécutif, à l'organisation des services publics et à leurs rapports avec les administrés. Le droit constitutionnel est la partie relative à l'organisation de l'État, à ses règles fondamentales, son mode de gouvernement, l'attribution des pouvoirs politiques, leurs limites et leurs rapports. Le droit financier est l'ensemble des règles relatives aux finances publiques.
5. C
6. B – Un réquisitoire est une plaidoirie du ministère public devant le juge répressif afin de requérir l'application ou non de la loi pénale envers le prévenu ou l'accusé. Le ministère public, magistrature représentant les intérêts de la société auprès des juridictions de l'ordre judiciaire, est chargé de requérir l'application de la loi et de poursuivre l'exécution des décisions de justice.

CORRIGÉS QCM 38

1. C – La peine de mort était la peine criminelle suprême qui sanctionnait les crimes les plus graves. La « loi Badinter » abolissant la peine de mort en France, promulguée le 9 octobre 1981, est l'aboutissement de plus de deux siècles de discussions et de prises de position passionnées.
2. B – Les congés payés sont des périodes de vacances payées accordées à tous les salariés ayant effectué au moins un mois de travail continu dans une même entreprise au cours d'une période de un an. En 1936, les accords Matignon ont consacré le principe de la généralisation des congés payés aux salariés.
3. D – La loi du 11 février 2005 est relative à l'égalité des droits et des chances, la participation et la citoyenneté des personnes handicapées.
4. C – Comme le SAMU médical qui va au-devant des blessés physiques, le SAMU social est un dispositif d'intervention d'urgence créé pour aller vers les personnes en détresse sociale qui ne sont plus à même d'appeler les secours.
5. D – La réduction du temps de travail (RTT) correspond à la diminution de la durée légale du temps de travail, qui passe de 39 à 35 heures hebdomadaires. Les « lois Aubry I et II » de 1998 et 2000 fixent la durée légale du travail à 35 heures hebdomadaires ainsi que les modalités d'application de la réduction du temps de travail. Ce dispositif, jugé trop rigide par les employeurs, est modifié par la loi Fillon de janvier 2003 qui annualise la durée légale du travail et augmente le contingent des heures supplémentaires.

6. A – La Sécurité sociale est un ensemble d'institutions garantissant aux travailleurs et à leurs familles un revenu de remplacement et des prestations sociales en cas de maladie, de maternité, d'invalidité, d'accident du travail ou de décès.

CORRIGÉS QCM 39

1. C – *Le jour du seigneur*, retransmission de la messe, existe depuis 1949.
2. B – Le 1er octobre 1967 à 14 h 15, la télévision en couleur fait ses débuts officiels en France. Le premier reportage sur le largage de parachutistes diffusé pour cette inauguration est commenté par Pierre Tchernia.
3. C – Le Conseil supérieur de l'audiovisuel (CSA) est une autorité indépendante créée en 1989 afin de garantir l'exercice de la liberté dans le domaine de la communication audiovisuelle.
4. B – Cable News Network (CNN) est une chaîne de télévision d'information en continu fondée en 1980.
5. C
6. D – L'ours est le nom donné à l'encadré mentionnant un certain nombre d'informations relatives à l'édition du numéro concerné.
7. D – World Wide Web, signifiant « toile d'araignée mondiale » ou « réseau mondial », est un système hypermédia permettant d'accéder aux ressources du réseau Internet.
8. A – Le premier PC a été commercialisé par IBM, en 1981.
9. C – Le bit correspond à une quantité d'information élémentaire, fournie par la connaissance d'un chiffre en numération binaire.
10. B – Un logiciel est un ensemble de programmes informatiques.
11. C – Un hacker est une personne qui, par jeu, goût du défi ou souci de notoriété, cherche à contourner les protections d'un logiciel, à s'introduire frauduleusement dans un système ou un réseau informatique.
12. D – En 1991, le CERN (Organisation européenne pour la recherche nucléaire) met au point l'interface d'Internet appelée World Wide Web, qui permet d'ouvrir le réseau au grand public en simplifiant les procédures de consultation des sites. Internet est un réseau télématique international, constituant le plus grand réseau du monde.
13. C – Qwant, moteur de recherche français, ne collecte aucune donnée personnelle sur les internautes qui effectuent des recherches *via* son algorithme. Il respecte la vie privée tout en facilitant la découverte et le partage grâce à une approche sociale.

CORRIGÉS QCM 40

1. B – Serena Williams et Venus Williams sont deux joueuses de tennis professionnelles américaines.
2. D – La boxe est un sport de combat dans lequel deux compétiteurs s'affrontent à coups de poing en observant certaines règles.
3. C – Le marathon est une épreuve d'endurance, course à pied de grand fond devenue l'une des plus prestigieuses disciplines olympiques. C'est un village de Grèce, au nord-est d'Athènes, qui a donné son nom à cette épreuve.
4. A – Au golf, un « albatros » est un score sur un trou qui améliore le par de trois points. Le par est le nombre de coups nécessaires pour effectuer un parcours donné.

5. C – The Race est une autre course à la voile autour du monde imaginée par Bruno Peyron. Elle part de Barcelone, revient en Atlantique, passe par le Cap de Bonne-Espérance, la Nouvelle-Zélande, le Cap Horn afin de remonter l'Atlantique et de retourner en Méditerranée (arrivée à Marseille).
6. A – Pierre de Coubertin (1863-1937), pédagogue français, a remis en vigueur les Jeux olympiques. En juin 1894, il invite les représentants de quatorze pays afin de rétablir les jeux. Le Comité international olympique (CIO) est fondé cette même année. C'est Athènes qui est choisie comme lieu de rendez-vous pour la renaissance de cet événement, en 1896.

CORRIGÉS QCM 41

1. C – Le jeu d'échecs est un jeu dans lequel deux joueurs font manœuvrer l'une contre l'autre, sur un plateau divisé en 64 cases, deux séries de 16 pièces de valeur diverse.
2. B – Le tarot est un jeu de 78 cartes (appelées lames), servant au jeu ou à la divination.
3. C – Le domino est un jeu formé de 28 petites pièces portant deux carrés de points allant de zéro à six qui doivent être alignés avec des valeurs contiguës égales.
4. A – Le flush est une combinaison comportant cinq cartes de la même famille qui ne se suivent pas. Le flush royal est un flush dont la plus forte carte est un as.
5. B – Le monopoly est un jeu de société où les joueurs doivent acquérir, par concurrence, des terrains et des immeubles jusqu'à en obtenir le monopole.
6. B – Mario, plombier moustachu, est le héros d'un des premiers jeux de plate-forme.

CORRIGÉS QCM 42

1. C – Antoine de Saint-Exupéry (1900-1944) est un aviateur et écrivain français (*Vol de nuit*, 1931 ; *Le Petit Prince*, 1943).
2. C – La latitude donne la localisation d'un point par rapport à l'équateur alors que la longitude permet de localiser un point à l'est ou à l'ouest d'une ligne nord-sud appelée le méridien d'origine.
3. A – Le premier vol du Concorde a eu lieu le 2 mars 1969. L'inauguration de la Grande Arche de la Défense ou Arche de la Fraternité a eu lieu le 26 août 1989. La signature du traité de Rome a eu lieu le 25 mars 1957.
4. A – Une éphéméride est un calendrier dont on retire chaque jour une feuille sur laquelle sont notés les événements importants survenus à la date du jour.
5. B – Le 29 avril 1945, les élections municipales donnent l'occasion aux Françaises de voter pour la première fois.
6. B
7. B – Jean-Baptiste Poquelin, dit Molière (1622-1673), était un dramaturge et acteur de théâtre français.
8. B – Ahmed Shah Massoud (1953-2001) était le commandant de l'Alliance du Nord afghane, une armée ayant combattu contre l'occupation soviétique puis le régime des talibans de 1996 à 2001. Sa réputation de chef militaire, et notamment son surnom de « lion du Panshir », vient du fait qu'il a réussi à

repousser sept attaques d'envergure des troupes soviétiques contre la vallée du Panshir.

9. B – Le prix Médicis est un prix littéraire. Il vise à récompenser un roman, un récit, un recueil de nouvelles d'un auteur qui débute ou n'a pas encore une notoriété correspondant à son talent.

10. C – Les conseils municipaux sont élus pour six ans, selon divers modes de scrutin en fonction de l'importance de la population de chaque commune.

11. C – Les accords de Genève ont mis fin à la guerre d'Indochine en reconnaissant l'indépendance du Viêtnam (20 juillet 1954).

12. B – Le 28 avril 1969, après 11 ans à la tête de l'État, le général de Gaulle quitte le pouvoir. La veille, les Français ont voté « Non » à son dernier référendum. En cas d'impossibilité du président de la République, c'est le deuxième personnage de l'État, le président du Sénat, qui assure l'intérim, en attendant que soit élu un nouveau président de la République.

13. A – Un affluent est un cours d'eau qui se jette dans un autre. Un méandre est une sinuosité d'un fleuve, d'une rivière. Un estuaire est la partie terminale d'un fleuve sensible à la marée et aux courants marins, souvent en forme d'embouchure évasée.

14. B – Le général de Gaulle oppose à deux reprises le veto de la France à l'adhésion du Royaume-Uni au Marché commun, en 1963 et en 1966-1967, parce qu'il juge les Britanniques stratégiquement trop proches des États-Unis.

15. A

16. B – L'aluminium est un métal argenté et malléable. Il est remarquable pour sa résistance à l'oxydation et sa faible densité.

17. B

18. A – L'humérus est un gros os long du membre supérieur qui constitue à lui seul toute la charpente du bras.

19. C – Le siège du Parlement européen est à Strasbourg ; celui de la Cour européenne de justice est au Luxembourg et celui du Conseil de l'Europe est, lui aussi, à Strasbourg.

20. C

21. D – La jachère est l'état d'une terre labourable qu'on laisse temporairement reposer en ne lui faisant pas porter de récolte.

22. C – En droit français, une ordonnance est une délégation de la compétence du Parlement au profit du Gouvernement.

23. B

24. C

25. C – Un autodafé est la cérémonie de pénitence organisée par l'Inquisition (tribunal de l'Église catholique en Espagne et au Portugal qui combattait l'hérésie du XIVe au XVIIIe siècle), durant laquelle celle-ci proclamait ses jugements et condamnait au supplice par le feu ; par extension, destruction par le feu.

26. C – Lille, ville du nord de la France, est le chef-lieu du département du Nord (59) et de la région des Hauts-de-France, sur la Deûle, en Flandre, près de la frontière avec la Belgique.

27. C

28. A – Un parallélogramme est un quadrilatère dont les côtés opposés sont deux à deux parallèles et égaux.

29. C – Victor Hugo (1802-1885) est un écrivain français, chef de file du romantisme français.
30. D – Erik Satie (1866-1925) est un compositeur qui a influencé considérablement l'esthétique musicale moderne.

CORRIGÉS QCM 43

1. B – Les lois et décrets paraissent au Journal officiel (JO) de la République française ; les arrêtés, circulaires, avis, recommandations, etc. paraissent soit au Journal officiel soit, pour l'essentiel, au sein des bulletins officiels des services émetteurs.
2. B – *La Princesse de Clèves* est un roman de Madame de La Fayette, publié sans nom d'auteur en 1678.
3. B – Conseiller, administrer et diriger sont trois synonymes qui signifient « gérer » ou « guider » alors que présumer signifie « penser », « supposer ».
4. A
5. A – Le service militaire est pour l'instant remplacé par le service national universel (SNU). Le SNU s'adresse à tous les jeunes (garçons et filles). Il prend la forme d'un service civique d'un mois obligatoire entre 16 et 18 ans, dans la continuité du parcours citoyen, suivi d'un engagement plus long sur la base du volontariat, entre 16 et 25 ans. Sa mise en place a commencé avec une phase d'expérimentation fin juin 2019, avant une mise en œuvre progressive vers la généralisation à partir de 2021.
6. D
7. B
8. A – Les proviseurs sont nommés par arrêté du ministre de l'Éducation nationale, sur proposition du recteur d'académie.
9. D – Dans l'ordre, les démographies des départements d'outre-mer sont les suivantes : île de la Réunion (853 000 habitants) > Guadeloupe (476 000 habitants) > Martinique (376 000 habitants) > Guyane (270 000 habitants) > Mayotte (256 000 habitants).
10. D – Un antonyme est un mot de sens opposé.
11. D – Sotchi a organisé les JO d'hiver en 2014 ; Rio les JO d'été en 2016 ; Lima, Hambourg, Rome, Budapest et Los Angeles étaient des villes-candidates pour les JO de 2024.
12. D – En 2022, l'Union européenne compte 27 États membres : Allemagne, Autriche, Belgique, Bulgarie, Chypre, Croatie, Danemark, Espagne, Estonie, Finlande, France, Grèce, Hongrie, Irlande, Italie, Lettonie, Lituanie, Luxembourg, Malte, Pays-Bas, Pologne, Portugal, République tchèque, Roumanie, Slovaquie, Slovénie et Suède.
13. B – Le droit de vote a été abaissé de 21 à 18 ans dès l'élection du président Valéry Giscard d'Estaing, en 1974.
14. C – La bataille de Marignan a opposé les armées franco-vénitiennes aux mercenaires suisses à la solde du duc de Milan, près de Marignan (Italie), les 13 et 14 septembre 1515.
15. C – En avril 1624, le cardinal de Richelieu devient le principal ministre de Louis XIII et le reste jusqu'à sa mort. Pendant ces dix-huit années d'un ministère d'une exceptionnelle longévité, le cardinal de Richelieu poursuit deux

objectifs : restaurer l'autorité royale en affirmant la force de l'État et établir la prépondérance française sur le continent européen.

16. A – Le « siècle des Lumières » (vers 1650 - vers 1800) se caractérise par le rationalisme issu de la méthode cartésienne, ainsi que par le respect de l'humanité, la critique de l'ordre social et de la hiérarchie religieuse, principaux éléments de l'idéologie politique au fondement de la Révolution de 1789. Le courant philosophique et culturel des Lumières est caractérisé, en France, par les travaux de Montesquieu, Diderot, Voltaire, Rousseau, d'Alembert, Helvétius, Buffon et de tous les encyclopédistes.

Blaise Pascal (1623-1662) est un mathématicien, physicien, théologien, mystique, philosophe, moraliste et polémiste français du XVIIe siècle.

17. C – Dans *Madame Bovary* (1857), roman réaliste qui a plusieurs sens de lecture, Gustave Flaubert dénonce le conformisme social, générateur de cet ennui tragique qu'il dépeint à travers Emma Bovary. Cette dénonciation fit polémique et aboutit à un procès retentissant dont l'écrivain sortira acquitté.

18. B – *L'Adieu aux armes* a été écrit par Ernest Hemingway, *Les Faux Monnayeurs* par André Gide et *Le Silence de la mer* par Vercors.

19. C

20. D – L'Amazone est le plus long fleuve du monde avec presque 7 000 km d'étendue.

21. A – La Loire (1 020 km) est le plus long fleuve de France.

22. A – Tokyo (43 millions) > Shanghai (26 millions) > New-York (23 millions) > Mexico (21 millions)

23. D – L'huître est un mollusque marin à coquille feuilletée à l'extérieur et nacrée à l'intérieur, qui vit fixé à un corps submergé et qui fait l'objet d'un élevage (ostréiculture).

24. A – Le plus ancien ancêtre de l'homme a été découvert en Éthiopie.

25. A – L'organisme d'un adulte en bonne santé contient en moyenne entre 4,5 et 6 litres de sang, soit un onzième du poids du corps.

26. D – Alessandro Volta, savant physicien, a inventé la pile électrique en 1800 en empilant des rondelles de cuivre d'un coté et de zinc de l'autre.

27. D – Le spermatozoïde est un gamète mâle, c'est-à-dire la cellule reproductrice de l'homme.

28. B – Rudolf Diesel est l'inventeur du moteur à combustion interne qui porte son nom, moteur conçu non pas pour tourner avec du gasoil, mais pour fonctionner avec des huiles végétales.

29. B – Guglielmo Marconi (1874-1937) est physicien italien, lauréat du prix Nobel de Physique et inventeur du premier système efficace de communication par télégraphie sans fil, ou radio.

30. B D – L'acide désoxyribonucléique (ADN ou DNA pour les anglo-saxons) est le support de l'information génétique et de sa transmission au cours des générations (hérédité), principal constituant des chromosomes.

CORRIGÉS QCM 44

1. C

2. B

3. D – Les députés siègent à l'Assemblée nationale ; ils sont renouvelés tous les 5 ans au suffrage universel direct.

4. C – Les lémuriens sont un sous-ordre de mammifères primates, proches du singe, des régions tropicales.
5. D – La pénicilline (antibiotique) a été découverte le 3 septembre 1928 par Alexander Fleming totalement par hasard.
6. B
7. D
8. B – Katrina, un des plus forts ouragans jamais enregistrés, a ravagé une majeure partie de l'État de Louisiane et, en particulier, la ville de la Nouvelle Orléans qui a été noyée à 80 %.
9. B
10. D – Cette force dévie les vents vers la droite dans l'hémisphère nord et vers la gauche dans l'hémisphère sud.
11. B – L'humoriste et acteur Coluche a lancé l'idée des Restos du Cœur le 26 septembre 1985 sur Europe 1. Le but de cette association est de distribuer gratuitement de la nourriture aux plus démunis.
12. A – Andromaque, fille d'Éetion (roi de Thèbes) devient la femme d'Hector. Achille tua son père et ses sept frères lors du siège de Thèbes et rançonna lourdement sa mère. Le personnage d'Andromaque a inspiré la célèbre pièce éponyme de Racine.
13. A – Le Likoud est un parti sioniste de la droite libérale, nationaliste et conservatrice israélienne, créé en 1973 sous la direction de Menahem Begin.
14. B – Luc Montagnier est un virologue français. À l'Institut Pasteur, il a été le directeur du laboratoire qui a découvert le VIH, le virus responsable du Sida, en 1983. En octobre 2008, il reçoit le prix Nobel de physiologie et de médecine avec Françoise Barre-Sinoussi et Harald zur Hausen.
15. C – La transmission est possible par les oiseaux migrateurs.
16. D – Paul-Émile Victor, Vasco de Gama et James Cook sont des explorateurs alors que Léonard de Vinci est à la fois peintre, sculpteur, architecte, ingénieur et scientifique.
17. B – En 2004, *Fahrenheit 9/11* a reçu la Palme d'or du 57e Festival de Cannes.
18. B – L'ordre de la légion d'honneur est le premier ordre national français, créé en 1802 par Napoléon Bonaparte pour récompenser les services civils et militaires.
19. C – Jacques Demy (1931-1990) est un cinéaste français dont l'œuvre se compose de contes de fées et de films chantés.
20. B – Distance Soleil-Terre = 149 597 870 km = 149 597 870 × 10^3 m
Célérité de la lumière dans le vide = 299 792 458 m/s = 17 987 547 480 m/min
Vitesse = distance ÷ temps donc temps = distance ÷ vitesse
Application numérique :
Temps (en s) : 149 597 870 × 10^3 ÷ 299 792 458 ≈ 499 s
Temps (en min) : 499 ÷ 60 ≈ 8,31 soit environ 8 minutes
21. B – Lucien Léger (1937-2008) était un criminel français, condamné à la réclusion criminelle à perpétuité pour le meurtre d'un enfant. Il fut le plus ancien détenu de France avant d'être libéré en octobre 2005 après 41 ans d'emprisonnement, un record en Europe.
22. C – Benoit XVI, né Joseph Alois Ratzinger, élu le 19 avril 2005 pour succéder à Jean-Paul II, s'est retiré (première dans l'histoire pontificale) en 2012. Son successeur est le pape François (premier de ce nom).

23. B – La Normandie est la fusion de la Haute et de la Basse-Normandie ; la région Rhône-Alpes a fusionné avec l'Auvergne et s'appelle désormais Auvergne-Rhône-Alpes ; la Nouvelle Aquitaine est composée de l'Aquitaine, du Limousin et du Poitou-Charentes. Seuls la Bretagne, le Centre-Val de Loire, l'Île-de-France, la Provence-Alpes-Côte-d'Azur et la Corse sont restés identiques.
24. C – Le piton de la Fournaise, qui culmine à 2 631 mètres, est le volcan actif de l'île de La Réunion.
25. A – Signé en février 1992, le traité de Maastricht prévoit, à terme, dans le cadre d'une Europe politique, économique et monétaire, une citoyenneté européenne ainsi qu'une défense et une politique étrangère communes.
26. D – La convention de Schengen promulgue l'ouverture des frontières entre les pays signataires.
27. C – En France, 7 % des 18-65 ans sont illettrés.
28. C
29. C – Un tsunami est une succession de vagues de grande amplitude créées par l'onde de choc d'un séisme sous-marin.
30. A

CORRIGÉS QCM 45

1. D – Hô-Chi-Minh-Ville, anciennement Saïgon jusqu'en 1975, est la première ville du Vietnam, devant la capitale Hanoï.
2. C – L'échelle de Richter quantifie l'énergie libérée par un tremblement de terre.
3. B – Un clone est un nouvel individu obtenu sans fécondation, à partir d'un seul individu, par parthénogenèse (reproduction sans fécondation) s'il s'agit d'une espèce animale, par bouturage s'il s'agit d'une espèce végétale.
4. B
5. C – On sait que 1 hectare = 1 hm^2 = 10 000 m^2, donc 11 200 m^2 = 1,12 ha.
6. C – Si le salaire de Michel est de 1 500 €, le salaire de Louis est de : 1 500 – 225 = 1 275 €.
Le salaire d'Alain est alors de : 1 275 + 50 = 1 325 €.
7. D – Sur 125 €, on a une remise de 50 €.
Donc sur 100 €, on a une remise de : (100 × 50) ÷ 100 = 40 soit 40 %.
8. B – On sait que : 1 jour = 1 440 minutes → 175 680 pages imprimées.
Donc, pour 1 minute, on a l'équation suivante avec x, le nombre de pages imprimées : x = 175 680 ÷ 1 440 = 122 pages.
9. B – On calcule la population de départ (x) en se rappelant qu'augmenter de 25 % équivaut à multiplier par 1,25 : $x \times 1{,}25$ = 144 800 habitants ⇒ x = 144 800 ÷ 1,25 = 115 840 habitants.
10. D – Le bateau monte avec la marée, et donc l'échelle aussi, laissant ainsi toujours le même nombre d'échelons hors de l'eau.
11. A – L'atome est la particule d'un élément chimique qui forme la plus petite quantité susceptible de se combiner. Le neutron est une particule élémentaire, électriquement neutre, qui fait partie de tous les noyaux atomiques, sauf du noyau d'hydrogène normal. Le proton est une particule constitutive du noyau atomique, de charge électrique positive. L'électron est une particule chargée négativement, élément constitutif de l'atome.

12. D – Le *Discours de la Méthode*, publié en 1637, est le premier texte philosophique écrit par René Descartes.
13. D – En raison de sa vaste étendue d'eau bien supérieure aux autres planètes.
14. D – Le gaz carbonique, ou dioxyde de carbone, est un gaz incolore et inodore, dont la molécule est formée d'un atome de carbone relié à deux atomes d'oxygène par deux doubles liaisons (CO_2). Le dioxyde de carbone est l'un des principaux gaz à effet de serre.
15. D – On recherche le nombre le moins grand donc le plus petit.
16. D
17. C – On calcule le salaire en francs : 233 × 27,13 = 6 321,29 francs. Puis, celui en euros : 6 321,29 ÷ 6,59 = 959,22 euros.
18. A – Un triangle isocèle possède deux cotés égaux donc deux angles égaux.
19. C – Pour obtenir une augmentation de 50 %, il faut multiplier par 1,5.
L'aire de départ est la suivante : $c \times c$.
Pour calculer l'aire augmentée, il faut se rappeler qu'augmenter de 50 % équivaut à multiplier par 1,5 donc l'aire augmentée est égale à : $1{,}5c \times 1{,}5c = 2{,}25c^2$.
Or multiplier par 2,25 équivaut à augmenter de 125 %.
20. B – « Mille » est invariable et ne prend donc jamais de « s ».
21. C – Durant la Révolution française est prononcé le Serment du jeu de paume, serment des députés du Tiers-État aux États généraux de 1789, qui jurent de ne pas se quitter avant d'avoir doté le pays d'une Constitution (20 juin 1789).
22. A – Edgar Degas (1834-1917) est un peintre et sculpteur français, considéré comme l'un des artistes les plus novateurs de la seconde moitié du XIXe siècle.
23. A – La Bataille de Verdun (21 février 1916 - décembre 1916) est le point de cristallisation des offensives et contre-offensives françaises et allemandes sur le front de la Grande Guerre. Verdun a été l'une des batailles les plus massives et les plus meurtrières de l'Histoire.
24. B – La Deuxième République est le régime politique de la France du 24 février 1848, date de la proclamation provisoire de la République à Paris, jusqu'au 2 décembre 1851, date du coup d'État de Louis-Napoléon Bonaparte. Elle fait suite à la Monarchie de Juillet et est remplacée par le Second Empire.
25. B – L'anachronisme se définit comme une confusion de dates, l'attribution à une époque de ce qui appartient à une autre.
26. B – Des trois pyramides de Gizeh, la plus grande pyramide est celle de Kheops (146 m de hauteur et 230 m de largeur).
27. C – Les Girondins représentent l'un des principaux mouvements politiques de la Révolution française, entre 1791 et 1793.
28. D – Le pont des Soupirs est l'un des nombreux ponts de Venise. Il passe au-dessus du *Rio de Palazzo o de Canonica* et relie les anciennes prisons aux cellules d'interrogatoires du Palais des Doges.
29. D – Le Darfour est une région montagneuse de l'ouest du Soudan, aux confins méridionaux du Sahara oriental.
30. B – Wolfgang Amadeus Mozart (1756-1791) est un compositeur autrichien. Enfant prodige, il est considéré comme l'un des plus grands génies musicaux, pour l'ensemble de son œuvre.

CORRIGÉS QCM 46

1. A – Dans ce célèbre discours, Martin Luther King se prononce en faveur d'une seule nation respectueuse des droits de tous.

2. B – La *Déclaration universelle des droits de l'homme* est un texte adopté le 10 décembre 1948 par l'Assemblée générale des Nations unies et proclamant les droits civils, politiques, économiques, sociaux et culturels de « tous les membres de la famille humaine ». Selon l'article premier : « Tous les êtres humains naissent libres et égaux en dignité et en droits. Ils sont doués de raison et de conscience, et doivent agir les uns envers les autres dans un esprit de bienveillance. »

3. B – Le principe de précaution est un ensemble de mesures de protection de la santé et de l'environnement prises par les pouvoirs publics pour éviter les risques liés à l'utilisation d'un produit, en cas de doute sur son innocuité.

4. D

5. A – Le dojo est une salle où l'on pratique les arts martiaux.

6. B – C'est la dégradation biologique de la molécule de glycogène dès qu'un besoin cellulaire en glucose se fait sentir.

7. B – En marche ! a été remplacé par La République en marche ! (de son nom officiel l'Association pour le renouvellement de la vie politique) après l'investiture officielle de Emmanuel Macron à la présidence de la République. Ce parti politique social-libéral avait été lancé en avril 2016.

8. B – Il démissionne après une affaire d'espionnage politique américaine, dénoncée par Bob Woodward et Carl Bernstein. Tous deux enquêtent pour le *Washington Post* afin de démêler un écheveau compliqué dont tous les fils conduiront à la Maison Blanche, à travers le Comité pour la réélection du président Richard Nixon.

9. C – « Sinn Fein » est un mouvement nationaliste et républicain irlandais fondé par le journaliste et politicien Arthur Griffith en 1902. « Sinn Fein » est une expression gaélique signifiant « nous, nous-mêmes ».

10. B – Les musiciens utilisent la colophane pour faciliter l'attaque des cordes du violon par l'archet.

11. D – La vexillologie, ou pavillonnerie, est l'étude des pavillons et des drapeaux.

12. C – La Bible, recueil des Saintes Écritures du judaïsme et du christianisme, comprend l'Ancien et le Nouveau Testament.

13. C – La Mission conjointe des Nations unies et de l'Union africaine au Darfour (MINUAD) est une mission conjointe de l'ONU et de l'Union africaine créée par la résolution 1769 du Conseil de sécurité des Nations unies ayant pour but d'établir la paix à l'ouest du Soudan, dans la province du Darfour.

14. B – Fondateur du Groupe des officiers unionistes libres (1964), Mouammar Al-Kadhafi participe au coup d'État de septembre 1969 qui renverse le roi Idris Ier et devient président du Conseil du commandement de la révolution et commandant en chef de l'armée.

15. B – « Novlangue » est la traduction du mot anglais « Newspeak » créé par George Orwell dans son roman *1984*. Il s'agit d'un langage convenu et rigide, destiné à dénaturer la réalité.

16. D – Clermont-Ferrand a été la capitale du pays pour un seul jour, le 29 juin 1940.

L'ASM Clermont Auvergne, anciennement Association sportive montferrandaise, a remporté deux fois le bouclier de Brennus.
Le volcan qui domine Clermont-Ferrand se nomme Puy-de-Dôme, montagne de lave vieille d'environ 11 000 ans. Ce volcan a donné son nom au département du Puy-de-Dôme dont Clermont-Ferrand est la préfecture.

17. A – Claude Monet (1840-1926) a peint *Les Nymphéas*, compositions chromatiques, entre 1915 et 1926.

18. B – *Les Protocoles des Sages de Sion* est un ouvrage antisémite publié pour la première fois par un journal nationaliste russe en 1903, puis à Londres en 1919. Il se présente comme le « procès-verbal d'un congrès tenu à Bâle entre des délégués sionistes et des représentants de la haute finance en vue de la domination du monde ».

19. A B C – Jeanne Moreau (1928-2017), actrice, chanteuse et réalisatrice française, a joué dans plus de 130 films, et fut la première femme élue à l'Académie des beaux-arts de l'Institut de France. En 1992, elle obtient le César de la meilleure actrice pour *La Vieille qui marchait dans la mer*.

20. B E C D A – Création d'Israël (1948) ; fin de la guerre d'Algérie (1962) ; premier pas sur la Lune (1969) ; abolition de la peine de mort (1981) ; chute du mur de Berlin (1989).

21. B – Le viaduc de Millau est un pont autoroutier de 2 460 m au-dessus de la vallée du Tarn.

22. C – Le jour du dépassement de la Terre correspond à la date de l'année où l'humanité est supposée avoir consommé l'ensemble des ressources que la planète est capable de régénérer en un an. Passé cette date, l'humanité puiserait de manière irréversible dans les réserves naturelles de la Terre. En 2021, ce jour a été estimé à la date du 29 juillet.

23. C – Le stradivarius est un violon, un violoncelle ou un alto, produits par Stradivarius.

24. D – Le projet de loi qui instaure le mariage homosexuel a été déposé au Parlement en novembre 2012, définitivement adopté en avril 2013 puis validé par le Conseil constitutionnel et promulgué le 17 mai 2013. Le premier mariage homosexuel a été célébré fin mai 2013.

25. B – *Escherichia coli* (*E. coli*) est une bactérie qui s'établit dans le tube digestif de l'homme et des animaux. *E. coli* est régulièrement la cause d'intoxications alimentaires via la consommation de produits animaux mal cuits ou crus. Les fruits et les légumes frais ayant été en contact avec cette souche peuvent être également à risque.

26. D

27. B – Al Gore est un homme politique et homme d'affaires américain. Il a été vice-président de Bill Clinton de 1993 à 2001.
Sauver la planète Terre : l'écologie et l'esprit Humain est un livre publié en 1992 par Al Gore. *Une vérité qui dérange*, documentaire d'Al Gore, montre les effets dramatiques du réchauffement climatique sur la planète.

28. B – Le joule est une unité de travail ou d'énergie équivalant au travail d'une force de 1 newton qui déplace son point d'application de 1 mètre.

29. D – Le Coran constitue la base de la vie religieuse et politique des États musulmans. Ce livre sacré des musulmans comprend les prédications de Mahomet, à caractère à la fois prophétique et législatif.

30. A – La Palme d'or est la récompense suprême au festival cinématographique de Cannes. Elle est décernée au meilleur film de la sélection officielle, élu parmi ceux en compétition.

CORRIGÉS QCM 47

1. C

2. A – Un chameau boit 1/5e de bonbonne d'eau par jour alors qu'un dromadaire boit 1/7e de bonbonne par jour. Les chameaux boivent donc beaucoup plus que les dromadaires.

3. A – Les « subprimes », ou « crédits à risque », désignent le marché des crédits accordés à des ménages qui n'ont pas accès aux crédits classiques, faute de moyens. Certaines banques se sont placées sur ce secteur « à risque » et acceptent de permettre à ces ménages d'emprunter sous certaines conditions : taux élevé et variable, garantie sur la maison financée par ce crédit. La crise des « subprimes » est le déclencheur de la crise financière mondiale de 2008.

4. C – La moutarde de Dijon est faite à base de moutarde noire. C'est Jean Naigeon qui, vers 1752, substitue le verjus au vinaigre, ce qui en fit la renommée.

5. B – Le Rhône prend sa source au glacier du Rhône dans les Alpes suisses et finit son cours dans le delta de la Camargue, en France, pour se jeter dans la Méditerranée.

6. A

7. B – Fête solennelle qui se célèbre le septième dimanche après Pâques, en commémoration de la descente du Saint-Esprit sur les Apôtres.

8. B – Titeuf est un héros de la bande dessinée du même nom créée en 1992 par Zep. C'est un jeune garçon grâce auquel l'auteur montre la vision qu'ont les enfants des attitudes et des institutions des adultes. Vomito, Tim et Hugo font aussi partie de l'univers de Titeuf.

9. C – La mononucléose, souvent désignée sous le terme de « maladie du baiser » car transmise par la salive, est une maladie infectieuse.

10. B – *Le Roi des aulnes* est un lied (courte pièce de musique chantée en langue germanique) du compositeur autrichien Franz Schubert (1815).

11. A C – Avant la transformation, il y a essai (5 points) + transformation (2 points) ou non.

12. A – Abdellatif Kechiche est un réalisateur et acteur franco-tunisien. *L'Esquive* (2004) et *La Graine et le Mulet* (2007) lui ont valu les Césars du meilleur film, du meilleur réalisateur et du meilleur scénario.

13. B – Les services déconcentrés de l'État assurent le relais, sur le plan local, des décisions prises par l'administration centrale (dans les ministères à Paris) et gèrent les services de l'État au niveau local (région, département).

14. A – *Persépolis* (2007) est un long-métrage d'animation français de Vincent Paronnaud et Marjane Satrapi. Le film s'inspire de *Persépolis*, la bande dessinée autobiographique de Marjane Satrapi. Le film a été nommé pour l'Oscar du meilleur film d'animation en 2007.

15. A – Une plaine est une étendue de pays plat ou faiblement ondulé, généralement assez vaste, et moins élevée que les pays environnants. Une vallée est un espace allongé entre deux zones plus élevées. Une colline est une petite élévation de terrain de forme arrondie.

16. C – Le putois est un mammifère carnassier, de la famille des Mustélidés, caractérisé par une petite taille, un corps allongé, des pattes et un museau courts, des oreilles arrondies et une odeur nauséabonde.
17. D – La culture des moules est la mytiliculture, celle des abeilles l'apiculture et celle des poissons la pisciculture.
18. D – La première œuvre d'Hector Berlioz (1803-1869) est la *Messe solennelle*. Il a ensuite composé : *La Symphonie fantastique*, un *Te Deum*, *L'Enfance du Christ*, *Béatrice et Bénédicte*...
19. D
20. B
21. B – *La Vie des douze Césars* est une œuvre de Suétone, auteur latin du Haut Empire. Il s'agit des biographies des douze premiers *imperatores* de Rome ayant porté le nom et le titre de César, de Jules César à Domitien.
22. B – Charles Martel (vers 688-741) est prince des Francs, fils de Pépin de Herstal et de sa concubine Alpaide. Pendant la période mérovingienne, le maire du Palais était la première dignité des royaumes francs qui couvraient alors l'essentiel de la France et la Belgique actuelles.
23. D – Lors de la bataille de Pavie, Charles Quint a défait François Ier le 24 février 1525.
24. B – Jacques Clément conçut le projet d'assassiner Henri III lors du siège de Paris par le roi (1589). Il se rendit auprès d'Henri III à Saint-Cloud et le tua d'un coup de poignard (1er août 1589).
25. B – Louis XIII le Juste (1601-1643) fut roi de France et de Navarre (1610-1643).
26. A – Armand Jean du Plessis, cardinal de Richelieu (1585-1642) est un cardinal et homme d'État français. En consolidant l'autorité royale, le cardinal de Richelieu (surnommé « l'homme rouge ») a encouragé l'absolutisme et posé les bases de la grandeur du royaume de France au XVIIe siècle.
27. B
28. C – Le terme « Cent jours » désigne la période de l'Histoire de France comprise entre le 1er mars (retour en France de l'empereur Napoléon Ier) et le 18 juin 1815 (défaite de Waterloo).
29. D – Issue des Trois Glorieuses, la monarchie de Juillet (9 août 1830-24 février 1848) est une monarchie constitutionnelle, dirigée par Louis-Philippe, favorable aux intérêts de la grande bourgeoisie d'affaires. Sous l'impulsion de François Guizot, la France connait sa première révolution industrielle, mais le régime se raidit face à la montée de l'opposition qui revendique l'instauration de la République et aboutit à la révolution de février 1848.
30. B – Alphonse de Lamartine (1790-1869), écrivain et homme politique français dont l'œuvre poétique, d'inspiration lyrique, apparut comme une « révélation » à la jeune génération romantique.

CORRIGÉS QCM 48

1. D – La cuniculiculture est l'élevage des lapins domestiques (*conin* en ancien français).
2. B – Une rime pauvre est caractérisée par la rime d'un seul phonème, la voyelle tonique finale des mots.

3. C – Des rabat-joie car « rabat » est un verbe, donc invariable, et « joie » est également invariable.
4. B – L'hurricane est le nom du cyclone dans la zone américaine. Il devient l'ouragan en français.
5. A – Sœur Emmanuelle (1908-2008), surnommée la « petite sœur des chiffonniers » ou « petite sœur des pauvres », était connue pour ses œuvres caritatives en Égypte (Le Caire) auprès des enfants et des plus démunis.
6. A – Les 348 sénateurs sont élus pour un mandat de 6 ans au suffrage universel indirect par environ 160 000 grands électeurs.
7. A B D
8. D – Jacques Ellul (1912-1994) est un penseur, théologien et moraliste français.
9. D – Nairobi est la capitale du Kenya, Yaoundé celle du Cameroun et Luanda celle de l'Angola.
10. C – *Mansfield Park* est un roman de Jane Austen ; *L'Île au trésor* de Robert Louis Stevenson.
11. A – *Olympia* est une peinture de Manet (1863). Scandale du Salon de 1865, l'œuvre fut offerte à l'État, par souscription, en 1890. En 1907, Clemenceau la fit accrocher au Louvre, face à la *Grande odalisque* d'Ingres.
12. A – Adolphe Thiers (1797-1877) est un homme politique, avocat, journaliste et historien français. Il fut ministre et président du Conseil sous la monarchie de Juillet, député sous la IIe République et pendant le Second Empire, et le premier président de la Troisième République – le deuxième à avoir occupé cette fonction en France.
13. A – Gustav Klimt (1862-1918) est un peintre viennois, cofondateur et premier président de la Sécession de Vienne.
14. B – Marcel Duchamp (1887-1968) est un peintre, un sculpteur et un plasticien franco-américain, inventeur des *ready-made*. L'attitude du *ready-made* consiste, initialement, à choisir un objet manufacturé et à le désigner comme œuvre d'art.
15. A
16. C – Simone de Beauvoir (1908-1986) est une femme de lettres et intellectuelle française, qui, par sa vie comme par ses œuvres, a joué un rôle important dans le mouvement féministe.
17. C – La loi du 9 décembre 1905 proclame la liberté de conscience, garantit le libre exercice des cultes et met en place un nouveau régime des cultes. La France devient alors un État laïque.
18. B – En 1802, Napoléon Bonaparte crée le lycée (établissement d'enseignement secondaire) pour former « l'élite de la nation ».
19. A – Associant volontiers l'architecture à l'art, voire à la poésie, l'architecte français Jean Nouvel apporte des solutions originales aux questions d'interactions entre les formes et leurs fonctions, entre l'espace urbain et la qualité esthétique des constructions.
20. B – Une plante hélophyte est une plante semi-aquatique, typiquement de marais, dont les racines vivent toujours sous l'eau, mais les tiges, les fleurs et feuilles sont aériennes.
21. A – Le premier pas sur la Lune a eu lieu en 1969.
22. B – En 1948, Ben Gourion est le chef du gouvernement provisoire.
23. B – Le 30 janvier 1933, Hitler devient chancelier.

24. B – Le positivisme est une doctrine philosophique d'Auguste Comte selon laquelle l'expérience est le seul moyen de vérifier ses connaissances et d'affirmer une vérité.
25. A – L'Organisation des Nations unies (ONU) est constituée par les États qui ont accepté de remplir les obligations prévues par la Charte des Nations unies en vue de sauvegarder la paix et la sécurité mondiales et d'instituer entre les nations une coopération économique, sociale et culturelle.
26. D – C'est Galilée qui a découvert que la Terre est ronde.
27. B – En 1968, Éric Tabarly conçoit l'un des tout premiers multicoques de course au large, le Pen Duick IV, qui fait de lui un pionnier dans le développement de ce type de bateau.
28. D – Trois sont nommés par le président de la République, trois par le président du Sénat et trois par le président de l'Assemblée nationale. S'ajoutent à ces neuf membres les membres de droit que sont les anciens présidents de la République.
29. C – C'est une monarchie constitutionnelle à régime parlementaire dont le chef de l'État est le roi Felipe VI et le président du gouvernement est Pedro Sanchez.
30. D – La maladie d'Alzheimer détruit progressivement des cellules nerveuses vitales du cerveau.

CORRIGÉS QCM 49

1. B – L'*Ode à la joie* est une adaptation de la *9ᵉ symphonie* de Beethoven.
2. B – Le siège de la Commission comme celui du Conseil de l'Union européenne est à Bruxelles. Le Parlement siège également dans la capitale belge, en alternance avec Strasbourg.
3. C – Guernica fut un bastion républicain pendant la guerre civile espagnole. Elle fut dévastée par des bombardements aériens allemands commandés par Hitler au secours du général Franco.
4. A – Explorer est le premier satellite artificiel américain mis en orbite autour de la Terre en 1958.
5. B – Le Mur de Berlin a séparé Berlin-Est de Berlin-Ouest d'août 1961 à novembre 1989. Durant plus de trente ans, le mur a été l'un des principaux symboles de la guerre froide et du « rideau de fer » séparant l'Europe de l'Ouest des pays membres du Pacte de Varsovie.
6. C – L'Union européenne compte 27 États-membres depuis le 31 janvier 2020 mais seulement 24 langues officielles.
7. A – Le plan de partage de la Palestine, destiné à résoudre le conflit entre Juifs et Arabes à propos du mandat britannique sur la Palestine, propose le partage de ce territoire entre deux États, l'un juif, l'autre arabe, avec Jérusalem sous contrôle international.
8. B – C'est en juillet 1889 que les instituteurs deviennent des fonctionnaires d'État. Depuis 1989, les instituteurs sont devenus « professeurs des écoles ».
9. A – Il s'agit des aventures de Tintin dans le 7ᵉ album d'Hergé : *L'Île noire*.
10. A – Au XVIIᵉ siècle, le mot « thune » signifiait « aumône ».
11. C – Eugène Delacroix (1798-1863), peintre et aquarelliste français, est le représentant majeur du mouvement romantique ; il a influencé de nombreux peintres, jusqu'aux postimpressionnistes.

12. B – L'acrophobie est l'angoisse que certaines personnes éprouvent lorsqu'elles sont sur un lieu élevé.
13. A
14. D – Les principes fondamentaux de la République française sont énoncés dans sa devise : « Liberté, égalité, fraternité ». Ils se traduisent par des droits intangibles, à la fois politiques et sociaux, qui ont été reconnus aux citoyens par les différents régimes républicains.
15. B – Occitanie (13) < Auvergne- Rhône-Alpes (12) < Île-de-France (8) < Pays-de-la-Loire (5).
16. A – La cathèdre est un siège réservé à un évêque dans un lieu de culte, à un abbé dans les différents bâtiments de l'abbaye qu'il dirige.
17. A
18. B – Le handball provient de la langue allemande.
19. A – La couturière (dernière représentation avant la générale) précède la générale (représentation d'ensemble de la pièce) et la première (première représentation officielle devant un public non choisi).
20. C – Une « anacrouse » est une note ou un groupe de notes précédant le temps fort de la première mesure.
21. D – L'antépénultième est l'avant-dernière lettre de l'alphabet, soit Y.
22. B – « Réduire quelqu'un à quia » signifie mettre quelqu'un dans l'impossibilité de répondre, de répliquer.
23. D
24. C
25. C
26. B – La mer Morte est un lac salé du Proche-Orient, partagé entre la Jordanie à l'est et Israël à l'ouest.
27. C – Les frères Lumière ont inventé le cinéma, Daguerre le daguerréotype (image sans négatif) et Doisneau est le photographe du célèbre *Baiser de l'Hôtel de ville*.
28. D – Le Pic d'Aneto culmine à 3 404 m.
29. C – Une carence sévère en vitamine D chez les enfants entraîne le rachitisme (déformation des os).
30. A – Le printemps de Prague s'est étendu de janvier à août 1968.

CORRIGÉS QCM 50

1. C – La Cour européenne des droits de l'homme est une juridiction internationale créée par la Convention européenne des droits de l'homme en 1959 pour être l'organe judiciaire du Conseil de l'Europe. Elle est composée d'un nombre de juges égal au nombre des États membres du Conseil de l'Europe, elle peut être saisie par les États membres, ou leurs nationaux s'estimant victime d'une violation de la Convention.
2. A – Créé en 1948, le festival international d'art lyrique d'Aix-en-Provence est un festival d'opéra et de musique classique.
3. B – La Commission européenne est, avec le Parlement européen et le Conseil de l'Union européenne, l'une des trois principales institutions de l'Union européenne. Instituée par le Traité de Rome de 1957, elle est composée de 28 commissaires depuis l'adhésion le 1er juillet 2013 de la Croatie.
4. B – Le premier film parlant est le *Chanteur de Jazz* de A. Crosland.

5. C – La Mostra de Venise décerne le Lion d'Or au meilleur film de l'année.
6. C – En 1895, les frères Louis et Auguste Lumière inventent le cinématographe. Ils réalisent le court-métrage *L'Arrivée d'un train en gare de La Ciotat*.
7. D – Tous ces festivals fêtent le cinéma. À Venise, le meilleur film reçoit le Lion d'or ; à Deauville, le Grand Prix ; à Berlin l'Ours d'or.
8. B – Abiy Ahmed (Premier ministre éthiopien) a été nobélisé pour ses efforts afin d'instaurer la paix entre l'Éthiopie et l'Érythrée. Barack Obama a également obtenu ce même prix Nobel en 2009, Malala Yousafzai en 2014 et Nadia Murad en 2018.
9. B – Pedro Almodóvar (1949-), scénariste et producteur de cinéma espagnol, a réalisé *Talons aiguilles* (1991), *En chair et en os* (1997), *Tout sur ma mère* (1999), *Parle avec elle* (2002), *Volver* (2006), *La piel que habito* (2011), *Madres paralelas* (2021), etc.
10. C – Au Canada.
11. A – *Une vérité qui dérange* est un film documentaire américain traitant du changement climatique, en particulier du réchauffement planétaire, réalisé par Davis Guggenheim. Al Gore, ancien vice-président des États-Unis d'Amérique et prix Nobel de la paix 2007, y tient le premier rôle.
12. C – Ce traité institue l'Union européenne et a été ratifié par les douze États membres de la Communauté économique européenne.
13. B
14. A – Jean Moulin est un homme politique, ancien préfet chargé d'unifier les réseaux de la Résistance. Né en 1899, arrêté à Caluire (Lyon) en 1943, il est mort durant son transfert en Allemagne, après avoir été torturé.
15. C – L'opération Neptune correspond à la phase d'assaut de l'opération Overlord, c'est-à-dire le débarquement en Normandie des troupes alliées en juin 1944, lors de la Seconde Guerre mondiale.
16. D – Joe Biden est le 46e président des États-Unis ; Donald Trump fut le 45e (2017-2021) ; Barack Obama le 44e (2009-2017) ; George W. Bush le 43e (2001-2009).
17. D – *Ridicule* (1995) est un film de Patrice Leconte.
18. A – Le Mémorial de Caen est un musée dédié à l'histoire de la Seconde Guerre mondiale. À chaque début d'année, le Mémorial organise le Grand Concours de plaidoiries sur les droits de l'homme.
19. A – Les 12 étoiles, à 5 branches et dorées, représentent la paix, la plénitude. Le cercle formé par les étoiles représente l'Union entre les peuples.
20. B
21. B – Ce traité de paix (1919) mit fin à la Première Guerre mondiale entre l'Allemagne et les puissances alliées et associées.
22. C – L'ordonnance du 21 avril 1944 accorde le droit de vote aux femmes françaises, qu'elles exerceront pour la première fois le 20 avril 1945.
23. A B C D – Ludwig van Beethoven est un compositeur allemand (1770-1827). Jean-Sébastien Bach est aussi un compositeur allemand (1685-1750).
24. B D – Theodore Walter, dit Sonny Rollins, est un saxophoniste ténor et compositeur de jazz américain.
25. B C D – Le be-bop est né aux États-Unis et le flamenco est originaire d'Andalousie (Espagne).
26. C – Audrey Hepburn est une actrice britannique.

27. A – Joseph Staline (1879-1953) est un homme d'État soviétique. Par son poids politique et militaire, Joseph Staline fit de l'URSS la seconde puissance mondiale et son action eut une influence déterminante sur l'expansion territoriale du modèle communiste, en particulier en Europe de l'Est.
28. D – *La Liberté éclairant le monde* dite statue de la Liberté a été construite par Frédéric Auguste Bartholdi avec la collaboration de Gustave Eiffel. Offerte aux États-Unis par le gouvernement français pour la célébration du centenaire de l'Indépendance américaine, la statue a été inaugurée en 1886. Elle se situe sur Liberty Island à New York.
29. C – L'« utopie », néologisme de Thomas More (écrivain anglais), est la représentation d'une réalité idéale et sans défaut.
30. D

CORRIGÉS QCM 51

1. D – En 1821, Napoléon Ier décède sur l'île de Sainte-Hélène où il était exilé depuis 1815. Il est inhumé sur cette île et y demeure jusqu'en 1840. C'est à cette date que fut décidé par le roi Louis-Philippe le transfert du corps de l'empereur. Des funérailles nationales accompagnent le retour des cendres de Napoléon Ier, transférées aux Invalides en attendant l'édification du tombeau. Le corps de Napoléon Ier y est déposé le 2 avril 1861.
2. A – C'est Rabelais qui fait dire à Gargantua que « le rire est le propre de l'homme » (1534).
3. B – Jésus, ou Jésus-Christ, était un juif de Palestine, fondateur du christianisme. Sa naissance à Bethléem correspond théoriquement au début de l'ère chrétienne.
4. C – La langue des Brésiliens est le portugais.
5. C – Ottawa est la capitale fédérale du Canada.
6. A B C D – En 1951, la Belgique, la France, l'Italie, le Luxembourg, les Pays-Bas et la République fédérale d'Allemagne (RFA) signent le traité de Paris instituant la Communauté européenne du charbon et de l'acier (CECA). Elle entrera en vigueur le 23 juillet 1952, pour une période de cinquante ans.
7. A B – Dostoïevski est un écrivain russe et Goethe, allemand.
8. A C E – Le Maroc, officiellement Royaume du Maroc, est un pays situé au nord-ouest de l'Afrique et faisant partie du Maghreb. Sa capitale est Rabat.
9. B – Suite à la réforme territoriale, en janvier 2016, le nombre de régions passe de 22 à 13. Elles ont des compétences accrues.
10. C – Depuis 1999, le roi du Maroc est Mohammed VI, qui a succédé à son père, Hassan II.
11. C – Un turion est une jeune pousse souterraine issue d'un rhizome et d'une souche. C'est un bourgeon souterrain ou formé à fleur de terre par une plante vivace.
12. C
13. A – Le Code civil, ou Code Napoléon, est un ouvrage réunissant l'ensemble des dispositions législatives et réglementaires relatives au droit civil.
14. A – Le surf, l'escalade, le karaté, le baseball et le skateboard sont les cinq nouveaux sports ajoutés au programme des Jeux olympiques de 2020 (qui ont eu lieu en 2021, pour cause de crise sanitaire).

15. A B D – François Mitterrand (1916-1996), homme d'État français, fut président de la République française du 21 mai 1981 au 17 mai 1995. Il détient le record de longévité (14 ans) à la présidence de la République française. Dans l'ordre chronologique, ont été construits : le centre Beaubourg (1977), le Musée d'Orsay (1977), la Pyramide du Louvre (1983), l'Opéra Bastille (1989) et la Grande Bibliothèque (1989).

16. C D E – Molière (1622-1673) est un auteur dramatique français.
Dans l'ordre chronologique, on a : Henri IV (1553-1610), Jean-Baptiste Lully (1632-1687), La Fontaine (1621-1695), Louis XIV (1638-1715) et Louis XVI (1754-1793).

17. A B C – La musique baroque correspond au style des XVIIe et XVIIIe siècles. Dans l'ordre chronologique, on a : Monteverdi (1567-1643), Lully (1632-1687), Mozart (1756-1791), Berlioz (1803-1869), Ravel (1975-1937).

18. B

19. C

20. A – Le président des États-Unis est le chef du pouvoir exécutif, pouvoir prévu par la Constitution des États-Unis d'Amérique aux côtés des pouvoirs législatif et judiciaire. Le président des États-Unis en 2022 est Joe Biden.

21. D – Énée est un prince troyen, héros d'une légende grecque qui fut reprise et développée par Virgile dans l'*Énéide*, fils d'Anchise et d'Aphrodite (Vénus).

22. C – Le *Satyricon* est un roman satirique en latin attribué à Pétrone, qui vécut à l'époque de l'empereur Néron.

23. B – Le phylloxera est une espèce d'insecte homoptère, sorte de puceron ravageur de la vigne.

24. C – Zeus, dieu suprême des Grecs, est le fils de Cronos et de Rhéa.

25. A – Hercule Poirot, personnage fictif, est le détective belge de la romancière Agatha Christie dans ses romans policiers.

26. C D – *Les Visiteurs du soir* (1942) et *Les Enfants du paradis* (1945) sont deux films réalisés par Marcel Carné (1906-1996).

27. B – On appelle les Quatre mousquetaires l'équipe de tennis française qui a remporté la Coupe Davis six fois consécutives (de 1927 à 1932). Yannick Noah est, à ce jour, le seul joueur français à avoir remporté un tournoi du Grand Chelem (Roland-Garros en 1983).

28. A C – Francisco Jose de Goya y Lucientes (1746-1828) est un peintre et graveur espagnol.
Les Demoiselles d'Avignon et *Guernica* ont été peints par Picasso.

29. A C E

30. B – Dora Maar, photographe et peintre française, fut l'amante et la muse de Picasso.

CORRIGÉS QCM 52

1. C – Parsemer, répandre et disséminer sont des synonymes alors que conglomérer (amasser, réunir en une seule masse) est un antonyme.

2. C – En physique, la fréquence est le nombre de fois qu'un phénomène périodique se reproduit par unité de mesure du temps.

3. A B D – Le verbe « seoir » signifie « convenir ».

4. A B D – L'ornithorynque est une espèce de petit mammifère semi-aquatique d'Australie. Il pond des œufs, est muni d'aiguillons venimeux, possède un bec de canard, une queue de castor et des pattes de loutre. C'est l'un des rares mammifères venimeux.

5. A D – *La Bohème* est de Puccini et le *Traité de l'harmonie* de Charles Koechlin.

6. A C D – *Mémoires d'outre-tombe* est une autobiographie de Chateaubriand.

7. B – Le Machu Picchu se trouve à l'est de la Cordillère des Andes, aux confins de la forêt amazonienne au Pérou.

8. A – La suite de Fibonacci est : 1 ; 1 ; 2 ; 3 ; 5 ; 8 ; 13 ; 21 ; 34 ; 55 ; 89 ; 144 ; 233 ; 377… dont chaque terme est la somme des deux termes qui le précèdent.

9. B – Le parc Güell, construit entre 1900 et 1914, est l'une des réalisations de l'architecte catalan Antoni Gaudí à Barcelone. Il figure sur la liste du patrimoine mondial de l'UNESCO.

10. D – Une didascalie est une indication de jeu dans une œuvre théâtrale, un scénario.

11. C D E – Le mont Mac Kinley culmine à 6 200 m, le Kilimandjaro à 5 895 m, le Fuji Yama à 3 776 m, le Cervin à 4 478 m et le Kosciusko à 2 228 m.

12. B C – *Le Carnaval des animaux*, « fantaisie animalière », est une suite musicale de 15 mouvements, composée par Camille Saint-Saëns en 1886.

13. A C D E – Le pied-de-poule est un tissu croisé formant une sorte de petit damier empiétant.

14. B

15. A B D E – *Le Vaillant Petit Tailleur* est un conte des frères Grimm.

16. A C E – *Les Demoiselles d'Avignon* et *Mère et enfant* (1907) < *Arlequin jouant de la guitare* (1914) < *Nature morte au crâne de taureau* (1938) < *L'Ossuaire* (1945).

17. B

18. B

19. B – Après ANG, les lettres sont dans l'ordre alphabétique : e, i, l, o, u + i, u + l.

20. C – 6 poules pondent 6 œufs en 6 jours. 1 poule pond 1 œuf en 6 jours. 1 poule pond 2 œufs en 12 jours. 20 poules pondent 2 × 20 = 40 œufs en 12 jours.

21. B – L'eurostar est un train à grande vitesse qui relie l'Angleterre à la France et la Belgique en empruntant le tunnel sous la Manche.

22. D – *La semaine de Suzette* est une revue enfantine pour fillettes, célèbre pour avoir fait paraître Bécassine. M. Fenouillard est un personnage de Christophe, Félix le chat de Messmer, et Achille Talon de Greg.

23. C ou D

Épitaphe = inscription funéraire, de *epi* « sur » et *taphos* « tombe ».

Épithète = ce que l'on adjoint à un nom ou un pronom pour le qualifier, « en plus d'un nom ».

Épistolaire = qui a rapport à la correspondance par lettre.

Épithélium = tissu constitué de cellules juxtaposées, de *epi* « sur ».

1re possibilité : si on considère l'origine du mot *epi* en grec qui signifie « en plus », « sur », le mot épistolaire ne convient pas.

2e possibilité : on peut aussi considérer que les trois premiers mots ont un rapport avec l'écriture. Dans ce cas, le mot « épithélium » ne convient pas.

24. B – Nicolas Copernic est l'auteur de la théorie selon laquelle le Soleil se trouve au centre de l'Univers et la Terre – que l'on croyait auparavant centrale – tourne autour de lui.

25. A D

26. C – Limitrophe de la Belgique, Tourcoing est une commune française située dans le département du Nord.
27. A B – Auspices s'emploient toujours au pluriel.
28. D – La résilience caractérise la résistance au choc.
29. C
30. A – Marc Chagall a peint le plafond de l'Opéra de Paris en 1964.

CORRIGÉS QCM 53

1. C – La catalepsie est une paralysie que l'on observe dans les états hypnotiques et dans la schizophrénie, caractérisée par l'inhibition des réflexes de locomotion et de changement de position, la réduction de la sensibilité, la contraction des muscles.
2. D – *Les Racines du ciel*, grand roman humaniste et écologiste, raconte le drame des éléphants dans la savane africaine. Il a été écrit par Roman Kacew, écrivain plus connu sous le nom de Romain Gary ou Émile Ajar.
3. B – Nigeria (≈ 0,9 million de km^2) < Égypte (≈ 1 million de km^2) < Iran (≈ 1,6 million de km^2) < Groenland (≈ 2 millions de km^2).
4. B – François Mitterrand (1916-1996) fut élu président de la République pour deux septennats (1981-1988 et 1988-1995). Après être devenu le premier secrétaire du Parti socialiste en 1971, il met en place le Programme commun de la gauche avec les radicaux de gauche et le Parti communiste.
5. C – Le crime en col blanc est une catégorie de criminalité financière introduite par Edwin Sutherland en 1939.
6. A – Le maire travailliste Sadiq Khan est devenu, en 2016, le premier musulman à diriger une capitale occidentale. Ce fils d'immigrants pakistanais a été réélu en mai 2021.
7. B – L'empreinte écologique est une estimation de la surface terrestre nécessaire pour subvenir aux besoins de l'Homme : cet outil est une mesure de la pression qu'exerce l'Homme sur la nature.
8. B – Le silure est un long poisson d'eau douce à chair estimée qui vit sur le fond vaseux des grands fleuves, des lacs ou de certaines mers.
9. D – Le mathématicien John Fields a proposé de créer un prix propre aux mathématiques qui récompenserait les meilleures recherches dans la discipline. Quelques années après sa mort, en 1936, ce prix voit le jour et porte le nom de médaille Fields. Elle est décernée tous les quatre ans lors du Congrès international des mathématiciens.
10. C – Le décret d'abolition de l'esclavage en France a été signé par le gouvernement provisoire de la Deuxième République, sous l'impulsion de Victor Schœlcher. Le processus de destruction du système esclavagiste s'enclenche dans la colonie française de Saint-Domingue avec la rébellion des esclaves en 1791. Le gouvernement révolutionnaire y proclame l'abolition de l'esclavage en août 1793. La Convention étend la mesure aux autres colonies (Martinique exceptée) par le décret du 4 février 1794.
11. A – La Croatie est devenue le 28e État de l'Union européenne le 1er juillet 2013, après ratification du traité d'adhésion signé en décembre 2011.
12. C – En France, aller voter n'est pas une obligation mais un devoir citoyen. C'est en 1944 que le général de Gaulle octroie le droit de vote aux Françaises, un siècle après l'instauration du suffrage universel masculin, en 1848.

Le vote est obligatoire dans cinq pays européens : Belgique, Luxembourg, Grèce, Bulgarie et Liechtenstein.

13. B – Depuis les Jeux paralympiques d'été de Séoul en 1988, les Jeux olympiques et les Jeux paralympiques sont organisés dans la même ville.

14. B – La Déclaration des Droits de l'Homme et du citoyen a été rédigée et adoptée le 26 août 1789 par l'Assemblée nationale constituante pendant la Révolution française.

15. D – Ce terme de zoologie désigne les animaux qui se construisent un nid sous les pierres.

16. A – *La Flûte enchantée* a été composée en 1791, quelques semaines avant la mort de Wolfgang Amadeus Mozart.

17. A – L'opération « Barbarossa » a débuté le 22 juin 1941 pour s'achever en février 1942 après la bataille de Moscou remportée par l'Armée rouge. Il s'agit de la bataille terrestre la plus importante de la Seconde Guerre mondiale.

18. B – Le Conseil d'État exerce deux missions : il conseille le gouvernement pour la préparation des projets de loi, décrets, etc. Il est également le juge administratif suprême qui tranche les litiges relatifs aux actes des administrations.

19. D – Le détroit de Magellan est le canal qui sépare l'extrémité méridionale du continent américain des îles qui forment la Terre de Feu. C'est le passage entre l'Océan Pacifique et l'Océan Atlantique.

20. D – Les forces de l'Axe se composent de l'Allemagne nazie, de l'Italie fasciste et du Japon impérial. Ces trois pays reconnaissent la domination allemande sur presque toute l'Europe continentale, la domination italienne sur la mer Méditerranée, et la domination japonaise sur l'est de l'Asie et le Pacifique.

21. B – Selon le principe d'un engrenage, si deux engrenages se touchent alors ils tournent en sens contraire. Ainsi, si l'engrenage A tourne dans le sens des aiguilles d'une montre, alors l'engrenage B touchant A tournera dans le sens inverse des aiguilles d'une montre. Par le même raisonnement, on en déduit que les engrenages A, C, F, G, H et J tournent tous dans le sens des aiguilles d'une montre alors que les engrenages B, D, E et I dans le sens inverse. Ainsi, l'engrenage G tourne dans le même sens que les engrenages A et J.

22. B – On ajoute toujours une lettre par rapport au mot précédent :
riz = 3 lettres, maïs = 4 lettres, gruau = 5 lettres et avoine = 6 lettres. Par conséquent, on recherche un mot de 7 lettres. Seul le mot « froment » répond à cette caractéristique car épeautre = 8 lettres, orge = 4 lettres et seigle = 6 lettres.

23. C – Le nombre à l'intérieur de chaque triangle est égal au produit des trois chiffres figurant aux sommets de chaque triangle : $24 = 3 \times 4 \times 2$; $54 = 1 \times 6 \times 9$; $30 = 5 \times 3 \times 2$. Ainsi le nombre recherché à l'intérieur du dernier triangle est le produit des trois chiffres indiqués aux sommets du triangle, soit $1 \times 9 \times 7 = 63$.

24. A – Le chiffre indiqué correspond à une forme géométrique particulière : 1 pour le carré, 2 pour le triangle et 3 pour le pentagone. De ce fait, on peut écarter les propositions B et D car elles ne portent pas le chiffre 1.

Si on passe de la figure 1 () à la figure 3 (), il s'agit de la même figure qui a subi une rotation de 45°. ⇒ La lettre A signifie « pivoter de 45° ».

Si on prend les figures 2 () et 5 (), on observe que le 1er triangle a subi une rotation de 90° (soit 2 fois 45°). ⇒ AA signifie « pivoter de 90° ».

Par conséquent, la solution est un carré qui a pivoté de 90°, c'est-à-dire la figure A.

25. C – On constate que les mots « confiture » et « mirabelle » possèdent le même nombre de lettres, soit 9 lettres chacune. Par conséquent, on recherche un mot ayant le même nombre de lettres que le mot « huile », à savoir 5 lettres. Seul le mot « olive » possède 5 lettres car friture = 7 lettres, moteur = 6 lettres et vinaigre = 8 lettres.
De plus, on peut faire de la confiture avec des mirabelles comme on peut faire de l'huile avec des olives.

26. A – C'est la seule figure disposée dans un sens différent des trois autres. La figure est une symétrie axiale par rapport aux trois autres.

27. A – La somme des chiffres de chaque nombre est égale au numéro de la position de la lettre associée dans l'alphabet. En effet : 4 + 1 + 2 = 7 et la lettre G est la 7e lettre de l'alphabet ; 8 + 3 + 7 = 18 et la lettre R est la 18e lettre ; 9 + 1 + 9 = 19 et la lettre S est la 19e lettre, 6 + 2 + 3 = 11 et la lettre K est la 11e lettre. Ainsi, en faisant la somme des chiffres du nombre 503, on obtient : 5 + 0 + 3 = 8 et on recherche la 8e lettre de l'alphabet, soit la lettre H.

28. C – Il suffit de suivre une à une les instructions pour arriver à la position finale de la case noire. La case noire située en C2 se déplace de 2 cases vers la droite ⇒ Elle arrive en E2. Puis de 3 cases vers le bas ⇒ Elle est alors en E5. Ensuite, 1 case vers la gauche ⇒ Elle est ainsi en D5. Enfin, de 3 cases vers le haut ⇒ La case noire est en D2.

29. B – Il faut repérer dans la phrase des anagrammes. En effet, « limace » est l'anagramme de « malice », « souris » est l'anagramme de « roussi ». Il faut maintenant chercher une anagramme du mot « caniche ». Seul le mot « chicane » répond à la question.

CORRIGÉS QCM 54

1. C – Le diapason se présente sous la forme d'une fourche vibrante à deux branches. Lorsqu'on le frappe, il donne un son d'une justesse fondamentale pour l'accord des voix et des instruments.

2. D – Jean-Pierre Marielle est apparu dans une centaine de films. Nommé 7 fois au César, il n'a jamais reçu la précieuse statuette.

3. C – L'hypnose désigne à la fois une technique thérapeutique et un état modifié de conscience. La thérapie par l'hypnose vise à rendre accessibles au sujet des ressources peu exploitées de son cerveau et à activer ses pouvoirs d'auto-guérison à l'aide de suggestions réalisées durant cet état modifié de conscience.

4. B – The Big Apple (en français : « la grosse pomme » ou « la grande pomme ») est l'un des surnoms utilisés par les New-Yorkais. La popularité de ce surnom date d'une campagne publicitaire du New York Convention and Visitor's Bureau (office de tourisme) des années 1970.

5. A – La blanche vaut 2 noires ou 4 croches ou 8 doubles-croches ou 16 triples-croches ou encore 32 quadruples-croches.

6. B – L'ikigaï est une philosophie de vie japonaise qui consiste à trouver un sens à la vie, un équilibre, une raison de se lever le matin et d'être heureux d'accueillir chaque jour.

7. D – Une gloriette est un petit pavillon d'agrément servant de belvédère.

8. C
9. C – Un scion est un jeune plant issu d'une culture en pépinière.
10. A – L'émétophobie est la peur de vomir ; l'hypnophobie, la peur du sommeil et la kopophobie, la peur de la fatigue.
11. B – L'hypocondrie désigne la peur de la maladie en général : c'est une anxiété obsessionnelle à propos de sa santé. Il ne faut pas la confondre avec la nosophobie ou pathophobie qui est la peur de contracter une maladie.
12. B – Précaire signifie « dont l'avenir, la durée, la stabilité ne sont pas assurés ».
13. C – Un garçon affirme : « J'ai autant de frères que de sœurs ». ⇒ Il y a 1 garçon (G) de plus que de filles (F) puisqu'il ne faut pas l'oublier. ⇒ G = F + 1
Sa sœur répond : « J'ai deux fois plus de frères que de sœurs. » ⇒ Le nombre de ses sœurs, c'est le nombre de filles moins elle-même et il y a le double du nombre que de garçons.
$\Rightarrow 2 \times (F - 1) = G$
On a donc un système de 2 équations à 2 inconnues que l'on peut alors résoudre :
$$\begin{cases} G = F + 1 \\ 2F - 2 = G \end{cases}$$
$\Rightarrow F + 1 = 2F - 2 \Rightarrow 1 + 2 = 2F - F \Rightarrow F = 3$
Donc $G = 3 + 1 \Rightarrow G = 4$
Dans cette famille, il y a 4 garçons et 3 filles soit 7 enfants au total.
14. B – La victoire de Marignan en septembre 1515 reste dans les mémoires du fait de ses conséquences territoriales, politiques et culturelles. C'est un grand succès diplomatique pour le roi et pour la France. François Ier prend le contrôle de la Lombardie qu'il conserve jusqu'à la défaite de Pavie en 1525.
15. B – Le castor est un mammifère herbivore et un rongeur semi-aquatique. Excellent nageur, il possède une fourrure parfaitement étanche, des pieds palmés, et sa longue queue plate est recouverte d'écailles. Il passe sa vie à aménager sa hutte afin que sa famille soit bien installée.
16. D – Phidias, sculpteur grec de l'Antiquité, dirigea la décoration du Parthénon (en particulier la frise des Panathénées), temple principal de l'Acropole d'Athènes. Construit entre 447 et 438 av. J.-C., le Parthénon est l'un des monuments les plus importants de la civilisation de la Grèce antique, en plus d'être l'édifice le plus emblématique de toute la Grèce.
17. D – À l'origine, une hérésie est une opinion qui contre une doctrine religieuse. Par extension, c'est une théorie choquante des opinions couramment admises.
18. B
19. D – Attention : il faut trouver le nœud qui n'existe pas.
20. D – La ville préfecture de l'Aude est Carcassone, celle de l'Aube est Troyes et celle du Gard Nîmes.
21. A
22. A – Depuis 2018, ce site est sur la liste du patrimoine mondial de l'UNESCO (Organisation des Nations unies pour l'éducation, la science et la culture).
23. A – Considéré comme le plus grand rassemblement de l'histoire du rock, le festival de Woodstock est un rassemblement emblématique de la culture hippie des années 1960. Il s'est déroulé à Bethel, dans l'État de New-York, en

août 1969. Les plus grands artistes de la musique populaire de l'époque (Jimi Hendrix, Joe Cocker ou les Who) sont passés sur scène.

24. B – Les différentes clefs déterminent la position des notes de musique sur la portée, il existe trois types de clefs : clef de SOL, clef de FA et clef d'UT (ou DO).

25. B – Le cacabement est le cri de la caille, le croassement celui du corbeau et le criquètement celui de la cigale.

26. D – On écrit fragmentaire (constitué de fragments), caduque (qui n'a plus cours) et conifère (arbre qui porte des fruits ayant la forme d'un cône). Un cacochyme est une personne qui a une santé fragile.

27. D – Si L = longueur totale du monstre, on peut écrire une équation à une inconnue :

$$L = 20 + \frac{L}{2}$$

Il ne reste plus qu'à résoudre l'équation :

$$2L = 2 \times 20 + L \Rightarrow 2L - L = 40 \Rightarrow L = 40$$

Donc le monstre mesure 40 mètres.

28. B – En septembre 2000, le pape Jean-Paul II a béatifié deux papes qui ont laissé une empreinte dans l'histoire de l'Église : Pie IX (1846-1878) et Jean XXIII (1958-1963).

29. C – Le réalisateur et cinéaste d'origine tchèque Milos Forman (1932-2018) a obtenu deux Oscars pour ces deux films.

30. C – À la base, la dragonne était une courroie attachée à la poignée d'un sabre ou d'une épée, servant à assurer l'arme dans la main et à empêcher cette arme de tomber à terre.

CORRIGÉS QCM 55

1. D – Le traité de Paris instituant la Communauté européenne du charbon et de l'acier (CECA) a été conclu pour 50 ans. Par ce traité, les six pays signataires (République fédérale d'Allemagne, Belgique, France, Italie, Luxembourg et Pays-Bas) mettent en œuvre une forme de coopération internationale entièrement nouvelle. Entré en vigueur le 23 juillet 1952 et arrivé à expiration le 23 juillet 2002, ce traité est considéré comme l'un des actes fondateurs de l'Union européenne.

2. A – Dans le langage informatique, un fournisseur d'accès à Internet (FAI) est un organisme offrant une connexion sur le réseau informatique mondial.

3. B – Selon l'article 38 de la Constitution de la Ve République, le gouvernement peut demander au Parlement l'autorisation de prendre lui-même des mesures relevant normalement du domaine de la loi afin de mettre en œuvre son programme. L'autorisation lui est donnée par le vote d'une loi d'habilitation. Ces actes sont appelés des ordonnances.

4. A – Attention : il ne faut pas confondre la ville de Washington, capitale des États-Unis (souvent appelée Washington DC) qui se situe dans le district de Columbia sur la côte est (sur l'océan Atlantique), avec l'État de Washington, situé sur la côte nord-ouest du pays.

5. C – Un autodafé est une cérémonie de pénitence publique organisée par le tribunal de l'Inquisition espagnole ou portugaise, durant laquelle celle-ci proclamait ses jugements. C'est Jérôme Savonarole (1452-1498) qui a organisé l'autodafé de Florence en 1497, appelé le bûcher des Vanités.

6. A – Le Conseil de sécurité des Nations unies, créé en 1946 à Londres, est l'organe exécutif de l'Organisation des Nations unies (ONU). Il a la responsabilité du maintien de la paix et de la sécurité internationale selon la Charte des Nations unies et dispose pour cela de pouvoirs spécifiques tels que le maintien de la paix, l'établissement de sanctions internationales et l'intervention militaire.

7. D – Le château de Fontainebleau se situe dans le département de la Seine-et-Marne en Île-de-France, dans la ville du même nom.

8. C – Cette tentative de coup d'État de quatre généraux (Maurice Challe, Edmond Jouhaud, Raoul Salan et André Zeller) de l'armée française en Algérie est menée en réaction à la politique du président de Gaulle, considérée comme une politique d'abandon de l'Algérie française.

9. B – Albertville a accueilli les Jeux olympiques d'hiver en 1992, Chamonix a été la première ville française à les accueillir en 1924 et Grenoble en 1968.

10. A – Toutes les lois, sauf les lois référendaires, sont adoptées par le Parlement (constitué de l'Assemblée nationale et du Sénat).

Les lois votées par le Parlement sont les lois organiques (qui précisent et appliquent des articles de la Constitution et y renvoient expressément), les lois de finances (qui déterminent les ressources et les charges de l'État) et les lois de programmation (qui déterminent pour plusieurs années les « objectifs de l'action de l'État » dans un domaine déterminé, ainsi que les moyens financiers correspondants).

Les lois référendaires sont votées par référendum à l'initiative du président de la République, sur proposition du gouvernement ou des deux assemblées.

11. B – Charlotte Corday (1768-1793) a assassiné Jean-Paul Marat (1743-1793), personnage central de la Révolution française. Réputé pour ses prises de positions extrêmes, celui que l'on surnomme « l'Ami du peuple » est assassiné à son domicile, dans sa baignoire, le 13 juillet 1793. Un tableau célèbre de Paul Baudry illustre cet assassinat.

Charlotte Corday est arrêtée, jugée par le Tribunal révolutionnaire et guillotinée le jour même.

12. D – C'est en 1905 que nait le fauvisme, mouvement exclusivement français dont Henri Matisse est le précurseur et le plus important représentant. Les artistes les plus remarqués sont Georges Braque influencé par Matisse, Henri Manguin, André Derain, Maurice de Vlaminck, Charles Camoin, Albert Marquet et Henri Rousseau plutôt considéré comme un représentant de l'art naïf. Victor Vasarely (1906-1997) n'est pas un peintre mais un plasticien, précurseur de l'art optique (ou *Op Art*).

13. A – Au cœur de Paris, le Palais des Tuileries avait été construit au XVIe siècle sous l'impulsion de Catherine de Médicis. Il fut la résidence royale de nombreux souverains, puis le siège de la Première République et du Consulat. Un incendie, allumé par des communards le 23 mai 1871, met fin à ce rôle prestigieux.

14. D – Cycle de quatre opéras de Richard Wagner sur des poèmes du compositeur, plus connu en France sous le nom de *Tétralogie* car constitué d'un prologue suivi d'une trilogie. Cette œuvre s'est progressivement transformée en une gigantesque allégorie philosophique sur la société, le pouvoir, la politique, l'économie et la psychologie.

15. D – Le 6 juin 1944, les alliés sont en Normandie. Le 19 août, la Libération de Paris débute. Le 20 août, l'occupant exige que les Vichystes partent pour l'Allemagne, le maréchal Pétain rechigne mais cède. Le 8 septembre 1944, il est à Sigmaringen avec Pierre Laval et une partie du régime de Vichy. Un nouveau gouvernement s'installe dans le château de cette petite ville du sud de l'Allemagne, en Bade-Wurtemberg.

16. C – La 22e édition de la Coupe du monde de football se déroule au Qatar du 21 novembre au 18 décembre 2022. L'équipe du Qatar participe pour la première fois à cette compétition.

17. A – L'École de Chicago est une école de pensée économique appartenant à la vision libérale de l'économie, par opposition au keynésianisme. Son nom vient du département d'économie de l'Université de Chicago. L'économiste américain Milton Friedman (1912-2006), prix Nobel d'économie en 1976, est le fondateur de cette école.

18. C – Jules Ferry (1832-1893) est un homme d'État français qui a occupé trois fois la fonction de ministre de l'Instruction publique et deux fois la fonction de président du Conseil des ministres. Il rendit l'école primaire publique laïque, gratuite et obligatoire donnant ainsi son nom aux lois Jules Ferry votées en 1881 et 1882 sous la IIIe République.

19. D – L'astronaute américain Neil Armstrong (1930-2012) fut le premier homme à avoir posé le pied sur la Lune le 21 juillet 1969, durant la mission Apollo 11. Il a prononcé cette phrase restée célèbre : « C'est un petit pas pour [un] homme, [mais] un bond de géant pour l'humanité ». Billie Joe Armstrong est un chanteur, Lance Armstrong un coureur cycliste et Louis Armstrong un trompettiste de jazz.

20. C – Durandal est le nom que Roland de Roncevaux avait donné à son épée. Acculé par les Sarrasins, il a essayé de briser sa fidèle épée pour la soustraire à la convoitise de l'ennemi. Mais Durandal resta intacte et fit éclater la roche, créant, selon la légende, la Brèche de Roland.
Excalibur est l'épée magique du roi Arthur et Joyeuse celle de Charlemagne dans *La Chanson de Roland*. En revanche, Damoclès n'est pas le nom d'une épée mais celui de son propriétaire.

21. C – Le chiffre dans la figure correspond au nombre d'angles (ou de côtés) sur chaque figure : triangle = 3, cercle = 0, carré = 4 et trapèze = 4.

22. C – On multiplie par 4 le chiffre précédent : $1 \times 4 = 4$; $4 \times 4 = 16$; $16 \times 4 = 64$; $64 \times 4 = 256$ et $256 \times 4 = 1024$.

23. A – Puisque Aude est au centre et à côté de Sophie, que Luc et Pierre sont aux extrémités, Sophie ne peut être à côté de Luc puisqu'il n'y a qu'une place à côté de lui et c'est Léa qui l'occupe… Sophie est donc forcément à côté de Pierre.

24. B – On est en présence d'une circulation en diagonale.

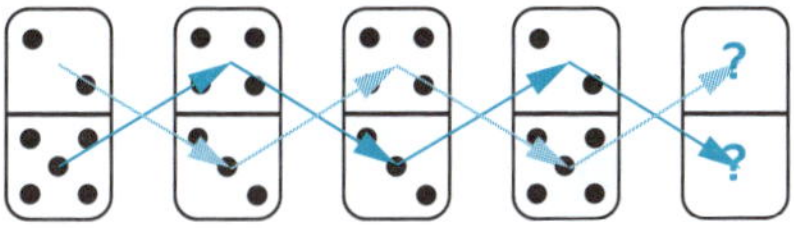

On part de la partie haute du domino n° 1 (2) puis, en diagonale, partie basse du domino n° 2 (3) et ainsi de suite. La suite est donc : 2, 3, 4, 5 et 6.
On part de la partie basse du domino n° 1 (5) puis, en diagonale, partie haute du domino n° 2 (4) et ainsi de suite. La suite est donc : 5, 4, 3, 2 et 1.
Le domino manquant est :

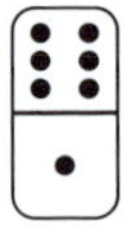

25. B – Si la figure du bas fait une rotation antihoraire (dans le sens inverse des aiguilles d'une montre), elle complète la figure du haut.
26. D – Le nombre entre parenthèses correspond au rang de la lettre dans l'alphabet.
Rang de la lettre E dans l'alphabet = 5 ; rang de la lettre L = 12 ; rang de la lettre R = 18. Il faut trouver la lettre qui est au 24e rang : la place dans l'alphabet de X est 24.
27. C – Dans un engrenage, deux roues dentées côte à côte tournent dans des sens différents donc les sens de rotation de la roue d'entrée (roue A) et de la roue de sortie (roue B) sont inversés.
Par exemple :

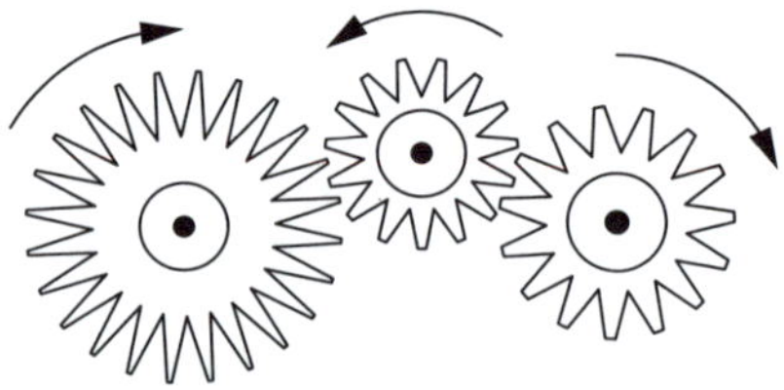

Lorsqu'on fait tourner la roue A dans le sens des aiguilles d'une montre, la roue B tourne dans le sens inverse, C dans le sens des aiguilles, D dans le sens inverse, etc.
Attention : il ne faut pas compter la roue A.
28. D – On compte le nombre de lettres de chaque ville : Gap = 3 lettres ; Nice = 4 ; Paris = 5. Il faut donc une ville comportant 6 lettres : seule Rennes convient.
29. C – En 2020, Maelle a 11 ans ⟹ Elle est née en 2020 – 11 = 2009.
Christophe est né 36 ans avant elle ⟹ Il est né en 2009 – 36 = 1973.
En 2008, Christophe a : 2008 – 1973 = 35 ans. Donc Théophile a 35 ÷ 5 = 7 ans.
En 2020, Théophile a 12 ans de plus (2008 + 12 = 2020) soit 7 + 12 = 19 ans.
30. B – Vitesse moyenne : 480 ÷ 2 = 240 km/h
Attention : la première phrase de l'énoncé n'est pas utile au résultat ; elle n'a d'autre fonction que de donner une fausse piste au candidat.

Mise en page : STDI

01 – JF/SM

PAPIER À BASE DE FIBRES CERTIFIÉES

s'engage pour l'environnement en réduisant l'empreinte carbone de ses livres. Celle de cet exemplaire est de : 600 g éq. CO_2
Rendez-vous sur www.editions-foucher-durable.fr

Achevé d'imprimer en France par Dupliprint
733, rue Saint-Léonard - 53100 Mayenne
N° d'impression : 2973186Z
Dépôt légal n° 16422-6/01 - mai 2022